LA FAILLITE
DE LA PENSÉE MANAGÉRIALE

Du même auteur

L'Administration en miettes
(avec Jean-Claude Thœnig)
Fayard, 1985

La Loi du marché
L'électroménager en France, aux États-Unis et au Japon
(avec Jean-Claude Thœnig)
L'Harmattan, 1986

Le Client et le Bureaucrate
Dunod, 1997

L'Alchimie du changement
Problématique, étapes et mise en œuvre
Dunod, 2001

Sociologie du changement
Pourquoi et comment changer les organisations
Dunod, 2004

La Fatigue des élites
Le capitalisme et ses cadres
La République des idées/Seuil, 2005

Lost in management
La vie quotidienne des entreprises au XXIe siècle
Seuil, 2011 ; « Points Essais », 2013

FRANÇOIS DUPUY

LA FAILLITE DE LA PENSÉE MANAGÉRIALE

Lost in management 2

ÉDITIONS DU SEUIL
25, bd Romain-Rolland, Paris XIVe

ISBN 978-2-02-113650-0

www.seuil.com

En souvenir de Michel Crozier,
qui m'a appris que l'évidence n'est pas toujours évidente.

Remerciements

Ce livre se présente comme une œuvre individuelle. Il est pourtant le résultat d'un travail collectif. Mes collègues et en particulier les membres du Comité académique du Centre européen d'éducation permanente m'ont beaucoup apporté lors de nos stimulantes discussions. Qu'ils en soient très amicalement remerciés.

Camille, Thomas et Sébastien ont lu et commenté avec passion les chapitres au fur et à mesure de leur rédaction. Beaucoup de leurs remarques ont été pertinentes et donc intégrées dans le texte. Merci à eux.

Mais comme toujours je dois plus que personne ne peut l'imaginer à Dominique, mon épouse : compétente sur le fond, correctrice de la forme et par-dessus tout modèle de patience. Je veux qu'elle sache que je sais ce que je lui dois.

« La véritable école du commandement est la culture générale. »

Charles de Gaulle, *Vers l'armée de métier*,
Berger-Levrault, 1934.

Introduction

Début 2014, le président d'une grande entreprise multinationale me consulta sur une question qui constituait sa préoccupation du moment : l'exécution. Pour faire simple, il indiquait par là sa difficulté à obtenir des « gens » (ses salariés) qu'ils fassent ce qu'il aurait souhaité qu'ils fassent, ce qui constitue à ce jour la définition la plus simple que je connaisse de cette activité que l'on appelle le « management ». Je lui fis observer qu'un peu plus d'un siècle auparavant Taylor s'était attaqué à la même question, suivi au fil du temps par tous les théoriciens et praticiens ayant travaillé sur la vie des organisations et l'action collective. La remarque ne le frappa pas. Il était absorbé par les conséquences de cette difficulté sur la qualité et le coût de sa production.

Poursuivant la réflexion à la suite de cet entretien, j'en vins à me dire que, en quarante ans de travail avec les entreprises, les sujets que j'avais vu aborder mais aussi les solutions que ces entreprises avaient mises en œuvre n'avaient finalement que très peu évolué. En vérité, peu de changements affectent ce monde du management[1]. Bien sûr, les modes et les innovations artificielles

1. Quelques ouvrages proposant une critique radicale des pratiques managériales ont déjà mis en évidence ce *statu quo*. On peut se référer à Mats Alvesson, Todd Bridgman et Hugh Willmot (dir.), *The Oxford Handbook of Critical Management Studies*, Oxford University Press, « Oxford Handbooks in Business and Management », 2009.

se sont multipliées. Des livres « révolutionnaires » ont circulé qui devaient changer la donne et bouleverser l'art d'organiser le travail. Et j'ai pu en effet observer des inflexions qui ont consisté, le plus souvent en fonction du contexte économique général, à accentuer le rôle donné à tel ou tel outil. Ce que l'on appelle « la crise » par exemple a amené à questionner le travail en « silos » et à tenter de lui substituer des modes de travail plus « coopératifs ». L'autonomie des acteurs (c'est ainsi qu'on a longtemps appelé les silos) s'en est trouvée réduite, les entraînant à diminuer de façon explicite ou implicite leur investissement dans le travail et conduisant par là les entreprises à se tourner elles-mêmes vers des formes toujours plus coercitives de contrôle[1]...

Certes. Mais à bien y regarder de près, ce n'est guère plus que du taylorisme recyclé, couvert d'une rhétorique humaniste qui exprime le contraire de la réalité vécue par ceux à qui elle est destinée[2]. En la matière, les mêmes causes produisant les mêmes effets, on doit admettre que le management « tourne en rond ». De session de formation en session de formation, en Europe comme en Amérique du Nord et même aujourd'hui dans les pays dits émergents, chaque fois que j'ai pu faire travailler des « participants » (toujours des cadres, pour être précis) sur des situations quotidiennes de leur vie de travail, j'ai vu surgir les mêmes questions, les mêmes problèmes, les mêmes difficultés. On ne saurait énumérer ici dans un inventaire à la Prévert ces obstacles qui parsèment la vie harmonieuse des organisations. Quelques exemples néanmoins : pourquoi celui qui se voit confier la responsabilité de résoudre une question soudain apparue sur l'agenda d'un dirigeant n'y parvient-il pas ? Comment expliquer qu'un défaut, une erreur, une déviation constatés par tous ne puissent

1. C'est le thème du premier volume de *Lost in management*.
2. Voir le chapitre VII.

être corrigés ? Comment comprendre qu'un « projet », lancé pour faire face à une exigence nouvelle, nécessitant de faire travailler ensemble plusieurs parties prenantes, n'aboutisse qu'au découragement de celui qui s'en est vu confier la charge ? La récurrence de ces situations est étonnante et tenter de l'expliquer est l'objet de ce livre : en apparence la « science » du management (ou ce qui en fait office) ne cesse de progresser et pourtant les questions qui se posent au manager témoignent d'une remarquable permanence. En somme, la première ne réussit jamais à rattraper les secondes. Après tout, peut-être est-ce réjouissant pour la liberté humaine…

Je fais l'hypothèse que les théories implicites utilisées par ceux qui exercent des responsabilités dans les organisations, qui ont à décider ce qu'il y a lieu de faire et comment le faire, relèvent plus du « sens commun » que des acquis des sciences sociales. « Le management n'est pas un manuel de sens commun général ; c'est un ensemble de questions humaines complexes, plurielles », écrit Ghislain Deslandes[1]. C'est cette complexité, pourtant au cœur de toute activité collective, qui rebute tant elle est exigeante à comprendre et à maîtriser, il faut bien l'admettre. Il est tout aussi frappant qu'affligeant d'entendre opposer à la prise en compte de cette complexité le « concret », ici réduit à l'immédiateté, au directement perceptible, à l'anecdote ou à ce que le verbiage mou a imposé comme une vérité acquise. Des affirmations vagues flottent dans le « *cloud* » managérial, sans que personne sache vraiment d'où elles viennent et si elles ont quelque fondement empirique ou scientifique. Je qualifie les décisions ainsi prises de décisions paresseuses.

Il faut s'arrêter un instant sur cette notion de paresse et en particulier sur celle de « paresse intellectuelle ». Il faudra identifier ce qu'elle a de spécifique par rapport à sa grande sœur, la

1. Ghislain Deslandes, *Essai sur les données philosophiques du management*, Paris, Presses universitaires de France, 2013.

paresse en général. Cette dernière a mobilisé, pour la défendre, la condamner ou s'en amuser autant de plumes sérieuses que d'écrits polémiques[1]. Le philosophe Alain l'a discutée[2] et Paul Lafargue en a fait l'apologie dans *Le Droit à la paresse*, écrit en réponse au « droit au travail » de Louis Blanc. Le gendre de Karl Marx écrit cette phrase demeurée célèbre : « Une étrange folie possède les classes ouvrières des nations où règne la civilisation capitaliste. Cette folie est l'amour du travail[3]. » Avec le recul, il faut bien admettre qu'il a prêché dans le désert : jamais la « valeur travail » n'a été autant portée aux nues ni son supposé affaiblissement condamné de toutes parts.

Mais il s'agit là de paresse primaire, celle de ceux qui souhaitent éviter de travailler ou, lorsqu'ils y sont contraints, minimisent le temps et l'implication qu'ils mettent dans cet exercice. J'ai appelé cela le sous-travail[4]. Il renvoie à la minimisation de l'effort physique, la préservation d'un confort qui est par définition supérieur chez soi, à l'extérieur, en compagnie choisie, à ce qu'il est sur le lieu de travail. De ce point de vue, les entreprises ont toujours du mal à comprendre que l'investissement dans le travail est en concurrence avec tout autre type d'investissement que la vie, au sens le plus large, peut proposer à leurs salariés[5].

La paresse intellectuelle relève d'un mécanisme différent, sans doute à l'œuvre dans bien d'autres activités que le travail. Schopenhauer l'a délicieusement décrit dans le texte suivant :

1. On mettra dans cette catégorie le livre de Corinne Maier, *Bonjour paresse : de l'art et de la nécessité d'en faire le moins possible en entreprise*, Paris, Michalon, 2004.
2. Alain, *Les Idées et les Âges*, Paris, Gallimard, 1927 ; rééd. 1948.
3. Paul Lafargue, *Le Droit à la paresse*, Paris, Maspero, 1969 [1880].
4. François Dupuy, « Le sous-travail, un fléau qui gangrène la société française », *Les Échos*, nº 20428, 20 mai 2009.
5. François Dupuy, « Comment la crise transforme l'entreprise : rétablir la confiance et l'engagement », *Le Monde économie*, 13 novembre 2012.

> Ce que l'on appelle l'opinion commune est, à bien y regarder, l'opinion de deux ou trois personnes ; et nous pourrions nous en convaincre si seulement nous observions comment naît une telle opinion. Nous verrions alors que ce sont deux ou trois personnes qui l'ont admise ou avancée ou affirmée et qu'on a eu la bienveillance de croire qu'elles l'avaient examinée à fond… Ainsi s'est accru de jour en jour le nombre de ces adeptes paresseux et crédules ; car une fois que l'opinion eut pour elle un bon nombre de voix, les suivants ont pensé qu'elle n'avait pu les obtenir que grâce à la justesse de ses fondements… désormais, le petit nombre de ceux qui sont capables de juger est obligé de se taire ; et ceux qui ont le droit de parler sont ceux qui sont absolument incapables de se forger une opinion et un jugement à eux et qui ne sont donc que l'écho de l'opinion d'autrui… Bref, peu de gens savent réfléchir, mais tous veulent avoir des opinions [1].

On ne saurait mieux dire ! Cet extrait pointe avec clarté et acuité le lien entre « opinion commune » et paresse intellectuelle. Nous en voyons au quotidien un bon exemple dans les entreprises avec l'utilisation incontrôlée de la notion vague de « résistance au changement ». Il est admis que les « gens » – toujours ces fameux « gens » qui permettent à celui qui en parle de s'extraire de leur masse – n'aiment pas le changement. Des théories ont été bâties qui détaillent les phases à gérer tout au long du « processus de changement ». Elles doivent permettre à celui ou celle qui a la charge de « conduire » ce changement de savoir à quoi s'attendre et d'y faire face.

Mais se rend-on compte que ces théories donnent la solution sans savoir quel est le problème ? Elles considèrent la résistance au changement comme un acquis, inhérent à la nature humaine et indépendant des enjeux concrets des acteurs face aux évolutions qui leur

1. Arthur Schopenhauer, *L'Art d'avoir toujours raison*, Paris, Mille et une nuits, 1983.

sont proposées. Par analogie, on est toujours surpris de l'obstination des politiques à faire campagne sur ce thème du changement, sans se soucier de savoir si le *contenu* de ce qu'ils proposent est perçu comme un gain ou une perte par ceux pour lesquels il va avoir des conséquences. Cela explique pourquoi, dans l'entreprise en tout cas, cette vague notion de « résistance au changement » est un puissant facteur d'immobilisme : les dirigeants de tous niveaux s'en servent de grille de lecture universelle pour anticiper les réactions des salariés… lesquels à leur tour interprètent ainsi l'immobilisme desdits dirigeants. Personne ne questionne la validité du postulat initial qui fait partie des acquis du sens commun. On est alors au cœur du malentendu : les notions que véhicule l'« opinion commune », pilier de la paresse intellectuelle, sont supposées être universelles quand les comportements auxquels elles s'appliquent sont contextuels. C'est là une impasse intellectuelle qui conduit au mieux à beaucoup de difficultés et au pire à des drames.

On l'a vu en France, en particulier lors de la vague de suicides qui a touché France Télécom et bien d'autres entreprises qui au moins ont échappé au feu des médias. Bien sûr, l'analyse de ces suicides requiert la plus grande prudence car rien ne permet de supposer chez celui qui s'abandonne à cet acte la conscience de la cause réelle et profonde de ce geste. Néanmoins, si l'on regarde les profils dominants de ceux qui en sont arrivés à cette extrémité, à cette forme radicale de retrait du travail, on constate qu'il s'agit, en général bien sûr, de cadres moyens, autour de la cinquantaine, faiblement mobiles. Si l'on suit ce que certains d'entre eux ont écrit, on comprend qu'ils n'ont pas supporté les nouvelles façons de travailler qu'on leur a imposées, face auxquelles ils se sont perçus comme d'autant plus inadaptés qu'on leur a fait comprendre qu'ils l'étaient.

Que disait l'opinion commune à l'époque ? Que l'évolution du marché des télécoms (ou de toute autre activité) nécessitait ces adaptations du travail et que *par définition* les cadres devaient les comprendre, donc les accepter et, qui plus est, les mettre en œuvre pour les populations dont ils avaient la charge. Et pourtant, depuis des années, économistes, psychologues, médecins, sociologues avaient averti des conséquences dramatiques de ces changements. Ils avaient démontré leur grave impact sur les catégories qui viennent d'être évoquées et à quel point l'argument du « marché », partie intégrante de la rhétorique managériale ambiante, avait peu d'effet voire un effet négatif sur ces catégories. Les drames qui se sont répétés et qui – enfin – ont amené à questionner les vérités admises amènent à dire avec brutalité que vingt suicides valent mieux que vingt livres argumentés pour combattre la paresse intellectuelle.

*

Cette utilisation intensive du « savoir ordinaire », avec toutes ses conséquences induites dans la vie quotidienne des organisations qui seront analysées dans les pages suivantes, tient à une inculture générale et particulière qui a envahi le monde de l'entreprise.

L'absence de culture générale conduit à la « connaissance ordinaire ». Dans le sillage de Schopenhauer, celle-ci a fait l'objet de nombreuses études[1]. Celle de Russell Harding en particulier souligne que cette connaissance, parce qu'elle n'est fondée que sur des sentiments, est par nature partisane. La prééminence du sentiment dans l'appréhension de la réalité se traduit dans le langage quotidien par l'utilisation sans modération de l'expression « pour

1. Michel Maffesoli, *La Connaissance ordinaire. Précis de sociologie compréhensive*, Paris, Klincksieck, 2007 [1985] ; Russell Harding, *How do you know ? The Economics of Ordinary Knowledge*, Princeton, Princeton University Press, 2009.

moi… ». Celle-ci exprime que le sentiment personnel partisan d'un acteur a autant de valeur que celui d'un autre et, par définition, que le résultat d'un travail scientifique. Je montrerai dans les pages qui suivent à quel point les *business schools* ont contribué à légitimer ce relativisme de la connaissance[1].

Ce qui permet de prendre de la distance par rapport à soi-même, à ses sentiments partisans, à l'immédiateté, ce qui rend possible de prendre du recul[2], c'est la culture générale. Et celle-ci fait cruellement défaut à la population des cadres. Un exemple simple : il m'est arrivé de poser à des groupes de trente à quarante cadres venus de toutes les parties du monde et réunis dans un amphithéâtre à l'occasion d'une session de formation la question suivante : « Qui a déjà entendu parler de Taylor ? » Même en expliquant qui il était, ce sur quoi il a travaillé et quelles en ont été les conséquences, les réponses positives n'ont jamais excédé 20 %. Le résultat est le même en remplaçant Taylor par Maslow dont on pourrait pourtant croire que la célèbre pyramide a fait le tour du monde. Les spécialistes apprécieront[3].

Ainsi, chacun a tendance à se croire à l'« âge zéro » du management et considère que tout est à inventer, que ce qui est dit aujourd'hui ne l'avait jamais été auparavant, ce qui donne d'autant plus de valeur à sa perception immédiate de *sa* réalité.

1. Voir chapitre VIII.

2. Ce que Daniel Goleman appelle « *self awareness* ». Voir Daniel Goleman, *Emotional Intelligence : why It Can Matter more than IQ*, New York, Bantam Books, 2005.

3. Le journaliste américain Timothy Egan notait encore récemment la dramatique inculture historique de tous les leaders de son pays. Et parmi tous ceux qui sont « couverts par l'imbécillité », selon son expression, il place non seulement les leaders d'opinion, les politiciens, les médias et les éducateurs, mais aussi ceux qu'il appelle les « grands capitaines d'industrie ». Les exemples d'inculture qu'il donne font parfois frémir. Voir Timothy Egan, « Lost in the past », nytimes.com, 23 mai 2014.

Celle-ci se réduit alors à une chaîne de causalités qui ne dépasse pas le champ de ce qui est immédiatement perceptible, l'explication devient simpliste, entraînant le simplisme de la solution. Ne peut guère lui être opposé qu'un autre simplisme.

Ce qui vient d'être dit sur la culture générale en matière de management vaut bien entendu pour tous les autres champs de la connaissance. N'est perçue que l'histoire immédiate telle qu'elle est présentée et commentée sous la forme journalistique. La croyance la plus répandue est que nous vivons une « période exceptionnelle », que « le monde change plus et plus vite qu'il n'a jamais changé », que les nouvelles technologies « bouleversent les relations entre les individus ». Eh bien je prétends qu'il y aurait beaucoup à apprendre de la renonciation à l'universalité de l'Empire romain au IVe après Jésus-Christ et du transfert de cette vocation universelle au catholicisme à travers les Pères de l'Église. Le repli sur soi, la peur des « barbares », le rejet de la différence ne datent pas d'aujourd'hui. À l'inverse, les militaires ne se privent pas d'aller chercher dans les batailles du passé des idées pour celles d'aujourd'hui et de demain, même si en apparence les technologies doivent renvoyer César et Napoléon dans les brumes d'un enseignement secondaire vite oublié.

Se soucie-t-on dans le monde de l'entreprise de ce désert culturel ? Très peu à vrai dire. Il y eut bien, dans le cas de la France, cette enquête conduite en 2006 par trois écoles de management qui a conduit à interviewer six dirigeants de grandes entreprises[1]. Une de ses conclusions rejoint notre propos et mérite d'être citée :

> [...] les parcours professionnels dans l'entreprise cessent très vite – dès 30-35 ans – de se jouer sur un terrain purement technique.

1. Audencia, ESSEC et INSEEC. Enquête publiée par *Les Échos* et l'Institut de l'entreprise.

> Émergent alors ceux qui savent apporter la preuve qu'ils sont également capables de s'abstraire des considérations strictement liées au cœur de métier et des modes managériales véhiculées par la pensée dominante. Or la culture favorise clairement cette aptitude à la déviance. Un collaborateur cultivé est à même de faire ce « pas de côté » qui lui permet, en raisonnant par analogie avec des situations très différentes dans le temps et dans l'espace, de parvenir à une compréhension plus fine des phénomènes complexes.

Le diagnostic est parfait. Mais les conclusions qu'en tirent ces dirigeants sont d'une platitude décevante : ils se défaussent sur le système scolaire et universitaire de la nécessité de promouvoir et de valoriser la culture générale. La formation permanente, celle dont ils ont la charge, ne peut à leurs yeux que jouer un rôle mineur. Ils ne s'intéressent donc pas à la diversité potentielle des profils à recruter, à l'impact des modes d'évaluation, de promotion ou de rémunération qu'ils ont mis en place… Bref, ce qu'ils proposent reste marginal. Pour trouver des solutions plus construites et plus réfléchies, on renverra aux propositions de Philippe Gabillet qui prend le contre-pied de ces propositions et suggère d'inclure la préoccupation de « culture générale », définie comme un outil d'aide à la décision, dans tous les moments clés de la vie de l'entreprise[1].

Que dire alors de l'« inculture particulière », celle qui concerne la profonde méconnaissance des acquis de base des sciences sociales concernant l'action collective, la vie des organisations et les phénomènes qui les traversent ? Là encore, bien des études ont été menées sur cet enseignement dans les écoles d'ingénieurs. Certaines des plus réputées ont même en leur sein des centres de recherche de grande qualité dont la production n'a rien à envier à

1. Philippe Gabillet, « Formation des managers : quelle place pour la culture générale ? », *Les Échos business*, 10 décembre 2013.

ce qui se fait de mieux sur le marché mondial. Seules les grandes écoles administratives, y compris en France la plus célèbre d'entre elles, semblent rétives à laisser une place au discours sociologique, certes parfois très éloigné de ce que dit le droit que les élèves auront à appliquer et qui est censé assurer l'égalité de tous devant la loi. À leur tour de se cabrer devant le relativisme juridique !

Mais quelles qu'en soient les causes – contenus inadaptés, modalités pédagogiques rebutantes, présentations théorisées à outrance –, ces enseignements n'apportent pas de résultats notables quant à la façon dominante d'aborder les problèmes en entreprise. Ils sont « avalés » par un « référentiel dominant » qui n'est pas celui de la connaissance élaborée, mais bien celui de la « connaissance ordinaire », de la rhétorique mortifère du « concret » et du sentiment partisan.

Dans le premier volume, je me suis attaché à démonter les conséquences d'un aspect spécifique mais particulièrement pénalisant de cette connaissance ordinaire : la tentative de reprendre le contrôle des organisations par la voie de la coercition. Non seulement celle-ci conduit à l'échec mais, comme souvent, elle produit l'effet inverse à celui recherché. Peu à peu les entreprises ont perdu la maîtrise de leur organisation, ce qui conduit les plus avancées (les plus conscientes en fait) à rechercher des solutions alternatives. Mais pour ce faire, elles devront d'abord changer leurs façons de raisonner sur la réalité, qui conduisent aux solutions qu'elles cherchent à mettre en œuvre.

C'est pourquoi ce second volume s'attache à démonter le mécanisme par lequel la pensée managériale conduit les dirigeants, par le biais de décisions paresseuses, dans des impasses aux conséquences très concrètes. Dans un premier temps, je m'attacherai à décrypter les erreurs de fond de la pensée managériale, les confusions les plus manifestes et pénalisantes : confusion entre structure et organisation, méconnaissance dramatique des phénomènes de pouvoir ; mais aussi les erreurs de raisonnement qui entachent les tentatives par ailleurs louables d'aborder des thèmes nouveaux, tels ceux des valeurs ou de la confiance au travail.

Dans un second temps, ceci permettra d'illustrer à travers des situations significatives de la vie quotidienne en entreprise les effets de l'inculture générale et particulière : priorité donnée aux décisions simplistes – changer les structures, produire toujours plus de règles, de procédures, de processus –, prises de décision d'autant plus volontaristes qu'elles tiennent rarement compte des possibilités effectives de mise en œuvre (ce qui est dit est fait « par définition »), utilisation abstraite d'un vocabulaire mal maîtrisé, qui conduit à des résultats opposés à ceux recherchés… si tant est que le sociologue ne se montre pas naïf en prenant ce qui est annoncé pour argent comptant !

Je montrerai enfin comment cette pensée est aujourd'hui développée, conceptualisée et mise en œuvre par les partenaires privilégiés des grandes entreprises que sont les cabinets de conseil – du moins les plus grands d'entre eux – et les *business schools*.

En d'autres termes, le premier volume a montré, pour le dire d'une formule lapidaire, ce qui ne va pas. Le second volume s'enfonce plus en profondeur dans le « pourquoi » ça ne va pas, en ancrant la démonstration sur une discussion des thèmes dominants du management contemporain qui, redisons-le, n'est pas très différent de celui qui l'a précédé. Mais évitons le catastrophisme : le monde tourne, les entreprises aussi, malgré un taux de mortalité élevé que les conséquences sociales des ruptures voulues ou subies mettent parfois au grand jour. Mais puisque la « performance » est un des maîtres mots du vocabulaire managérial, alors observons que l'on pourrait faire bien mieux non seulement dans la performance économique, mais également dans sa contrepartie sociale.

CHAPITRE I

Structure et organisation : une confusion persistante et pénalisante

Le monde du management mais aussi le monde académique, nous allons le voir, ont toujours une extrême difficulté à distinguer la *structure* de l'*organisation* lorsqu'ils veulent désigner une entité. La confusion est parfois déroutante, autant pour celui qui parle que pour celui qui écoute : tantôt on met en avant l'« organisation de la structure » ou la « structure de l'organisation » (c'est au choix !), l'« organisation formelle » et l'« organisation informelle », tantôt on discute de la « structure organisationnelle » ou de l'« organisation en tuyaux ou matricielle », ce qui se réfère en fait à la structure. Comment s'y retrouver et donc avoir un cadre clair qui permette de cibler l'action en connaissance de cause et non à partir de notions vagues et mal maîtrisées ?

D'aucuns cependant pourraient croire que le débat est théorique ou artificiel, qu'il ne concerne que quelques clercs y ayant consacré leur vie et guettant dans tous les écrits et discours les déviances par rapport à ce qu'eux-mêmes ont (péniblement) établi. C'est bien ainsi en effet que fonctionne le monde académique, qui réduit ses discussions à des échanges entre pairs à travers des articles évalués par ces pairs qui leur permettront d'obtenir des promotions attribuées par ces mêmes pairs.

Dans la vie quotidienne des entreprises, la question est plus sérieuse car elle a des conséquences directes et souvent néfastes. En effet, cette confusion représente un handicap majeur dès qu'apparaît la nécessité de « changer », c'est-à-dire de s'adapter aux exigences d'un environnement toujours plus mouvant. Car que faut-il changer ? La structure ? C'est le plus facile même si cela engendre aux niveaux supérieurs de l'organisation des luttes de territoires qui ont peu à voir avec l'efficacité recherchée. L'organisation ? Mais alors qu'entend-on par là ? Simplement la même chose que précédemment, la seule différence portant sur la sémantique ? Ou alors a-t-on conscience qu'il faut infléchir ce qui va plus loin que les organigrammes et l'ensemble des règles et des procédures qui les accompagne ? Auquel cas, c'est sur les *comportements* qu'il faudrait agir *et on va voir que c'est dans ces comportements que réside la « vraie » organisation.* De ce fait, la changer est autrement plus complexe et exigeant – mais moins amusant sans doute – que de jouer au mécano avec les structures. Je vais donc essayer de clarifier ces notions en insistant à chaque étape sur l'incidence de ce qui est dit sur la gestion quotidienne des entreprises.

De la nécessité de clarifier ces notions

Le débat entre structure et organisation ne date pas d'aujourd'hui, tant s'en faut. Il fut lancé, sous sa forme la plus courante distinguant l'organisation formelle de l'organisation informelle, dans les années 1930 par Elton Mayo, le père du courant dit « socio-affectif », à partir des expériences qu'il mena dans l'usine d'Hawthorne de la Western Electric. Mettant l'accent sur le rôle des sentiments dans la vie des univers de travail, il prit – au moins en apparence – le contre-pied de Taylor et démontra que les règles que Taylor voulaient scientifiques, donc incontestables par des esprits sains et honnêtes, ne suffisaient pas à rendre compte de la réalité. Il fit surtout observer qu'elles étaient inopérantes pour obtenir des comportements conformes à ceux espérés.

Ainsi Mayo a-t-il décrit l'organisation formelle comme la mise en œuvre de la fonction économique à laquelle doit répondre l'organisation du travail. Elle est donc représentée par l'organigramme de l'organisation (*sic !*) et ses différentes procédures. L'organisation informelle correspond, elle, aux relations sociales qui se nouent entre ceux qui travaillent et donc interagissent au sein de l'organisation formelle[1].

Ce qui frappe dans cette tentative de décrire les deux réalités inhérentes à la vie collective, c'est la difficulté à utiliser un vocabulaire rigoureux qui, si l'on peut dire, ne réintroduise pas de la confusion dans la distinction. C'est pourtant ce qui s'est passé et continue aujourd'hui encore à pervertir le débat – ce qui n'est pas ici notre préoccupation essentielle – mais surtout l'action. C'est d'autant plus regrettable que des efforts ont été faits, qui portèrent cependant trop peu de fruits dans la vie quotidienne des entreprises. Ainsi de Waterman, Peters et Philipps dans un article qui marqua la discussion, car pour la première fois il distinguait clairement structure et organisation en affirmant que la première n'était pas la seconde et que chacune désignait une réalité très différente[2]. D'autres avaient déjà ouvert la voie à cette très heureuse initiative[3] mais ce courant est resté largement incompris, y compris dans le monde académique[4] : à ces auteurs qui décrivent les groupes, les cliques et les clans comme la « face cachée de

1. J'ai emprunté cette rapide description à l'article de Claudie Bert : « L'effet Hawthorne : un mythe des sciences humaines », *Sciences humaines*, n° 52, juillet 1995, p. 37-39.

2. Robert Waterman, Thomas J. Peters et Julien R. Philipps, « Structure is not organization », *Business Horizons*, 1980, vol. 23, n° 3, p. 14-26.

3. Par exemple, John W. Meyer et Brian Rowan, « Institutionalized organization : structure as a myth and ceremony », *American Journal of Sociology*, vol. 83, n° 2, sept. 1977, p. 340-362.

4. Pour se convaincre que la confusion subsiste chez les spécialistes et sans vouloir multiplier les références, on peut se reporter à titre d'exemple à Luc Brunet

l'organisation », on a envie de dire non ! Ils sont l'organisation bien réelle même s'ils ne sont ni officiels ni immédiatement perceptibles et appréhendables. Pour utiliser une distinction qui va constituer une sorte de fil rouge de ce livre, la structure relève de la « connaissance ordinaire », celle qui apparaît au premier abord et rassure en donnant à tout un chacun le sentiment de percevoir quelque chose de tangible, facile à décrire et si nécessaire à mesurer ; l'organisation quant à elle correspond à une « connaissance élaborée » : elle n'est pas immédiatement perceptible et sa mise au jour nécessite l'utilisation d'outils et de raisonnements spécifiques et par là même un réel effort intellectuel.

Pour sortir de ces ambiguïtés et élaborer un cadre qui permette à l'action d'être réfléchie et construite sur des bases solides, c'est-à-dire prenant en compte la réalité telle qu'elle est, il ne faut donc pas hésiter à renverser quelques idées reçues et en particulier celles qui courent autour des notions de concret et d'abstrait.

Avançons pas à pas car la complexité apparente de la démonstration est à la hauteur de ce que l'on peut en attendre en termes d'efficacité de l'action. Si dans les pages qui suivent nous réussissons à renverser le raisonnement du sens commun – ou l'absence de raisonnement à laquelle se substitue le sens commun –, on pourra sans doute faire « bouger les lignes » et amener le management vers plus de réalisme et, espérons-le, vers plus d'efficacité.

La première perception que nous avons d'une entité, c'est donc sa structure et l'ensemble de l'arsenal réglementaire qui est supposé en définir le fonctionnement : dans les *business schools*, c'est un exercice rituel que de demander à des participants d'une même entreprise d'en faire la présentation à leurs coreligionnaires. Le résultat est répétitif : on y décrit les produits et l'organi-

---

et André Savoie, *La Face cachée de l'organisation : groupes, cliques et clans*, Montréal, Les Presses de l'université de Montréal, 2003.

sation, réduite comme toujours à la structure, présentée avec un luxe de détails dont l'intérêt n'est pas toujours évident. Ici, les deux réalités ne sont pas distinguées et celui qui anime l'exercice les fond dans ce qui est le plus visible et le plus « représentable ». En vérité, dans la majorité des cas, personne n'en demande davantage. C'est d'ailleurs cohérent avec l'utilisation intensive de cet outil régressif qu'est Power Point[1]. L'outil et le contenu se marient sans difficulté. Autre exercice : consultez sur Internet le site des plus grandes entreprises et cliquez sur « Notre organisation » lorsque existe cette rubrique et le résultat sera le même. Le mot organisation y est à nouveau employé dans un sens à la fois générique et réducteur dans la mesure où il véhicule à lui seul tout ce qui peut servir à décrire et représenter l'entité en question.

Cette représentation, que l'on peut qualifier de « simpliste » ou de « paresseuse », induit ses propres modalités d'action : si l'on veut changer des comportements, on définira de nouvelles règles ; si l'on veut contrôler ces comportements, on élaborera des processus ; si l'on veut faire face au développement de nouveaux marchés et de nouveaux produits, on changera l'organisation, en fait les structures. Tout cela sera couvert du terme à nouveau générique de « réorganisation » et englobera les modifications de structures, la fusion de certaines d'entre elles et, éventuellement, les réductions d'effectifs qui en sont la conséquence.

Ce faisant, a-t-on vraiment changé quelque chose ? En ce qui concerne les effectifs, certainement. Mais qu'en est-il de la réalité de ce que font les salariés, de la façon dont ils travaillent, dont ils s'arrangent, dont ils résolvent leurs problèmes ? Rien n'est moins sûr, car le changement des structures n'a pas mécaniquement remis en cause l'organisation, c'est-à-dire, répétons-le, ce que font les acteurs.

1. Voir chapitre VIII.

Un exemple simple illustre ce propos : le directeur de la « zone France » d'une grande entreprise de distribution vint un jour me trouver et me posa une question surprenante au premier abord. Un grand cabinet de conseil venait, à la demande de la direction générale du groupe, d'effectuer une « réorganisation complète de l'entreprise ». Cela se traduisait par de nouveaux organigrammes, l'apparition de nouvelles structures, d'échelons hiérarchiques supplémentaires et d'une impressionnante batterie de règles, procédures, définitions de fonctions et process. En somme, il n'y avait plus qu'à appuyer sur le bouton et tout devait se mettre en marche comme prévu. Pour qu'il en soit ainsi, encore fallait-il que les acteurs concernés fassent preuve d'une étonnante passivité en appliquant à la lettre – mécaniquement serait le mot juste – ce qui avait été décidé. Si tel était le cas, la distinction entre structure et organisation serait tombée d'elle-même, les deux se confondant dans l'ordre « orwellien » prévu par le cabinet.

Mais le directeur de la « zone France », de loin la principale entité du groupe, savait par expérience qu'il n'en serait rien. Sa question portait donc sur la possibilité d'anticiper comment ce bel ordonnancement allait fonctionner dans la réalité. Surtout, il s'inquiétait de la possibilité réelle d'obtenir de la part des acteurs sous sa responsabilité les comportements nécessaires pour la réalisation de ses propres objectifs. Avec un peu de recul, on se rend compte que sa préoccupation ne portait pas sur la structure dont il anticipait le caractère théorique et abstrait. Elle traduisait une inquiétude réelle sur l'« organisation » qui en découlerait, en d'autres termes sur la façon dont les acteurs s'empareraient de ce qui avait été décidé et l'utiliseraient sans se soucier des intentions de ceux qui avaient construit – à grands frais – ce Meccano de l'« organisation rêvée ». De façon triviale, on peut en conclure que la charrue avait été mise avant les bœufs, ce qui avait pour résultat pratique de compliquer grandement la tâche de celui en charge de la vie quotidienne de cette entité.

Mais alors, quelle est-elle cette organisation autour de laquelle nous tournons sans vraiment réussir à la saisir ? Elle est « derrière » la structure en quelque sorte. Elle n'est pas dans les règles et les procédures, mais dans l'utilisation que les acteurs vont en faire ; elle n'est pas dans les départements, les divisions, les *business units*, mais dans la façon dont les acteurs, au-delà de ces formalisations, travaillent ensemble, négocient et trouvent des arrangements. Pour le dire autrement, *la théorie c'est la structure, l'organisation c'est la réalité.* Mieux encore : *ce qui est abstrait c'est la structure, ce qui est concret c'est l'organisation.*

Sommes-nous en pleine hérésie ? Car enfin la structure, cela se voit, se dessine, se matérialise. Et d'ailleurs, dans les entreprises, il y a des « responsables de l'organisation », qu'on appelait auparavant « responsables de l'organisation et des méthodes ». Que font-ils ? Ils sont à l'affût des changements de structure à effectuer ; ils s'affairent à ordonner au mieux les dominos. Touchent-ils à la réalité ? Très peu et il n'est pas certain qu'ils en aient très envie ! Il me revient en mémoire une plaisante anecdote qui permet d'illustrer de façon amusante l'objet de cette discussion : lors d'une présentation que j'effectuais sur ces questions devant un nombreux public d'une très grande banque, un dessinateur en coulisses illustrait régulièrement mes propos par des dessins apparaissant sur un grand écran situé derrière moi. Quand j'en vins à expliquer la différence entre structure et organisation, il dessina un « patron », identifiable par un gros cigare, disant à un cadre, repérable à son costume : « Nous allons changer nos structures. » Et dans la bulle au-dessus du cadre s'afficha la réaction silencieuse : « Chouette ! On va pouvoir continuer à faire la même chose. » Bien vu !

Qu'est-ce que le « concret[1] » ?

À ce stade, nous voici à même de comprendre ce qui est concret dans une entité et donc ce qui devrait retenir en priorité l'attention, ce sur quoi il faudrait travailler dès lors qu'on en a la charge. Mais pour cela, nous devons inverser le « paradigme du concret » tel qu'il est admis dans le monde de l'entreprise, dans celui des médias, qui jouent un rôle actif dans l'entretien de la confusion, et plus généralement dans le magma des idées reçues et du sens commun. Les philosophes vont nous y aider. André Lalande définit ainsi ce qui est concret : « Est concret (du latin *concretus*, *concrescere*, se solidifier) ce qui peut être immédiatement perçu par les sens ou être imaginé perceptible[2]. »

Cette définition est simple et s'accorde aisément avec ce qui vient d'être évoqué : elle met l'accent sur l'immédiatement perceptible et c'est bien en ces termes que j'ai parlé des structures. Mais ici le lien est clairement établi entre « immédiatement perceptible » et « concret ». Les structures relèveraient donc bien de cette catégorie. En somme, les philosophes dont on pourrait croire que la fonction est de questionner l'évidence sont d'accord avec le sens commun pour affirmer qu'une structure est concrète. Soit. Pour faire un pas de plus, voici un texte célèbre qui va permettre de faire avancer la « compréhension paradoxale » dans laquelle nous venons d'engager le lecteur. Ce sont à nouveau des philosophes qui s'expriment :

1. Je reprends ici une discussion malheureusement interrompue que j'ai eue il y a de nombreuses années avec Michel Crozier. Qu'il soit remercié de m'avoir donné l'envie de ne jamais considérer l'évidence comme évidente.

2. André Lalande, *Vocabulaire technique et critique de la philosophie*, Paris, Presses universitaires de France, 2010 (3e éd.).

> Les indigènes des îles Murray, dans le détroit de Torrès[1], ne disposent que des chiffres 1 et 2 ; au-delà, ils se rapportent à quelque partie de leur corps : on commence par le petit doigt de la main gauche, puis on passe par les doigts, le poignet, le coude, l'aisselle, etc. On dira que ces indigènes n'ont aucune représentation abstraite des nombres ; compter, pour eux, demeure l'opération du dénombrement des parties de leur corps, c'est une opération concrète. Le concret, c'est le domaine des significations familières qui est la marque du monde où nous vivons, plus particulièrement du monde perçu. On entend généralement par concret ce qui existe réellement, ce qui est donné aux sens (une idée peut être concrète si elle est le résultat immédiat de la perception)[2].

Selon cette définition, le concret est donc ce qui est immédiatement perçu. C'est dit et répété.

Eh bien j'affirme qu'au moins en ce qui concerne l'action collective organisée, la proposition doit être inversée pour rendre compte de la réalité.

L'immédiatement perceptible, la structure donc pour revenir à notre discussion, mais aussi les règles, les procédures, les processus constituent la partie abstraite mais par contre émergée de l'iceberg. Passer du constat de cette « émergence » à la notion de concret est un saut très hâtif qui relève davantage du sens commun, surtout de la facilité, que de l'analyse de la vie collective. Pour le dire autrement, et je vais l'illustrer sans tarder, le concret ce n'est pas ce qui est visible, c'est ce qui ne l'est pas, ou, pour se permettre un clin d'œil, ce n'est pas le droit mais la sociologie. Le droit nous dit ce qui devrait être, la sociologie nous permet de comprendre ce qui est.

1. Entre l'Australie et la Nouvelle-Zélande. (Note de l'auteur.)
2. Sylvain Auroux et Yvonne Weil, *Nouveau Vocabulaire des études philosophiques*, Paris, Hachette Éducation, 1990.

Ceci peut être démontré de façon factuelle en attirant l'attention sur ce que tout le monde sait sans jamais en tirer les conséquences du point de vue de la connaissance comme de celui de l'action : qu'appelle-t-on la « grève du zèle », expression aussi familière de la langue française que de la langue anglaise[1] ? On désigne ainsi l'action qui consiste, pour des travailleurs mécontents ou faisant pression sur leur direction pour obtenir quelque chose, à appliquer strictement toutes les règles et les procédures que le « droit local » leur enjoint d'appliquer. Le résultat en est le grippage puis le blocage de l'entreprise ou de l'administration (le plus souvent en effet) concernées.

Certaines catégories de salariés l'ont compris et l'utilisent sans hésitation : les contrôleurs aériens souhaitant faire pression sur leur autorité de tutelle n'ont pas à « cesser le travail » à l'image de la pratique d'une grève dite « classique ». Ils font l'inverse et appliquent strictement les consignes qui régissent les intervalles de temps entre deux atterrissages et deux décollages. Celles-ci ont été élaborées à partir de calculs visant à atteindre un optimum de sécurité. Elles n'ont tenu aucun compte des conditions réelles du trafic. Le résultat est sans appel : si on les applique, plus personne n'atterrit et plus personne ne décolle. Voilà comment une louable intention, dont nous nous félicitons tous, aboutit à ne rendre possible l'activité aérienne que dans la mesure où ceux en charge de l'application des consignes acceptent de ne pas les respecter ! Ou, pour le dire autrement, acceptent de faire preuve de bonne volonté et de s'arranger avec la règle. Or la bonne volonté se négocie dans les organisations, dans le secteur aérien comme ailleurs. On peut alors « boucler la boucle » et conclure ainsi : le résultat concret de l'accroissement

1. Les Anglo-Saxons sont plus explicites que les Français : ils disent « *working to rule* » (Grande-Bretagne) ou « *working by the book* » (Amérique du Nord).

des règles organisant la circulation aérienne n'est pas d'améliorer la sécurité des passagers, ces règles étant *de facto* inapplicables. Il est d'accroître la capacité de négociation des contrôleurs aériens face à leur autorité de tutelle. L'organisation ne se comprend pas par la simple lecture des règles. Celles-ci représentent l'aspect formel et théorique. Elle se perçoit par la compréhension de l'utilisation qu'en font les acteurs.

Est-ce à dire que, dans la vie quotidienne, l'ensemble réglementaire n'est pas ou peu appliqué ? C'est certain puisque dès qu'il l'est on se trouve en situation de paralysie totale ou partielle ! Qu'est-ce qui fait que néanmoins « ça marche » plus souvent que ça ne s'arrête ? C'est que les salariés, comme nous venons de le voir, font preuve d'une « bonne volonté » qu'ils négocient[1] et qui rend possible le fonctionnement à peu près harmonieux de leur unité. Pour être précis, ils acceptent de ne pas appliquer ou d'appliquer partiellement ce qui définit leur travail avec l'assentiment explicite ou implicite de leur hiérarchie. Où est le concret alors ? Dans ces règles, visibles certes, mais qui ne disent pas grand-chose sur la marche quotidienne de l'univers dans lequel elles doivent s'appliquer ; ou dans les solutions et arrangements trouvés par les acteurs, non directement perceptibles, mais qui rendent possible la continuité de l'activité dans des conditions à peu près acceptables par toutes les parties ?

Ainsi s'introduit la confusion entre le concret et l'abstrait, entre la structure et l'organisation, entre l'anecdote et le fait. « La plupart des entreprises ont adopté une structure matricielle », me dit-on très souvent. Est-ce à dire qu'elles ont la même organisation ? Rien n'est moins sûr. Seule une plongée dans leur fonctionnement réel, peu perceptible à l'œil nu, permettra de le dire. Chacun sait d'ailleurs, dans les entreprises, que l'on peut avoir

1. Nous y reviendrons au chapitre suivant.

autant de structures bien différentes mais le même fonctionnement « derrière » ces structures, de la même façon que des fonctionnements radicalement différents peuvent se retrouver derrière des structures identiques. L'anecdote, c'est la structure. Le fonctionnement, donc l'organisation, c'est le fait.

Cette confusion a bien sûr des conséquences très directes dans la gestion des entreprises. On aura compris que les responsables à tous niveaux se focalisent sur ce qu'ils perçoivent comme concret (la structure et les règles) et ne se préoccupent pas ou peu de la « réalité vraie » dont la prise en compte nécessite des outils et des modes de raisonnement que la plupart ignorent ou ne maîtrisent pas. Ils sont alors confrontés à des situations dont le contrôle leur échappe : à trop considérer que changer ce qui est apparent permet de changer l'organisation, ils méconnaissent la capacité des acteurs de « jouer » avec les éléments tangibles dans lesquels doit s'inscrire leur travail. Ce faisant, ces « managers » perdent le contrôle qu'ils espéraient au contraire avoir renforcé et s'engagent dans un cercle vicieux redoutable : production de la norme/jeu avec cette norme/renforcement de la norme/distance croissante entre la norme et la réalité[1].

Le cas qui suit va permettre d'illustrer l'effet pervers de cette confusion. Une grande entreprise multinationale, leader mondial dans son secteur, commercialise ses produits auprès de deux types de clientèle : des entreprises ou des administrations (hôpitaux par exemple) et des particuliers, petits commerçants en particulier. Pour reprendre le vocabulaire en vigueur dans le management, elle a à la fois une activité *B to B* (*business to business*) et *B to C* (*business to customer*). L'activité de l'entreprise connaissant une croissance très rapide sur les deux segments de marché, les diri-

1. L'analyse de ces dérives a été faite dans le premier volume de *Lost in management.*

geants jugent nécessaire de se rapprocher des clients pour assurer un service après-vente qu'ils estiment être l'une des clés de leur succès. De ce point de vue, ils se situent dans une tendance forte des dernières décennies qui veut que le service soit un facteur différenciant autant si ce n'est plus que le produit.

Dans cette perspective, ils adoptent une solution « de bon sens » qui les conduit à modifier la structure de l'entreprise : on crée des directions régionales nombreuses, chargées, comme leur nom l'indique, d'assurer une relation aussi fréquente que nécessaire avec les clients relevant de chaque secteur géographique : la proximité devrait tout naturellement entraîner à la fois une meilleure connaissance des problèmes pouvant naître de l'utilisation du produit et une réponse plus rapide aux demandes de clients toujours plus nombreux mais aussi toujours plus diversifiés.

Peu après la mise en place de ce changement important (une nouvelle structure, ça compte dans la vie d'une entreprise !), le président de la compagnie, pris d'un doute, me fait part de ses craintes : cette transformation va certainement rapprocher l'après-vente des clients, mais permettra-t-elle de les conserver voire d'en acquérir de nouveaux ? Son intuition lui suggère de faire marche arrière, idée qui suscite aussitôt l'hostilité unanime de son comex (comité exécutif) qui demande avec insistance : « Pourquoi tout changer quand tout va bien ? » Souvenons-nous que le management est une activité bien plus réactive que proactive...

L'étude qui s'ensuit confirme les craintes du président : au lieu de rapprocher l'entreprise de ses clients et des plus intéressants en particulier, ceux dont la « question » oblige à innover, la structure régionale induit un résultat inverse qui constitue une vraie menace potentielle pour l'entreprise : elle éloigne le commercial des clients les plus intéressants, ouvrant de nouvelles possibilités à ses concurrents les plus dynamiques. Par quel mécanisme l'évidence initiale est-elle donc ainsi contrariée ? Par l'émergence très rapide, derrière la structure, d'une organisation très différente de celle attendue. Avant de la décrire rapidement, observons que seule l'utilisation d'un mode de raisonnement qui n'est *pas* celui de la connaissance ordinaire a permis de la mettre au jour.

Il s'est produit un « effet d'aubaine ». Les clients ayant de nouvelles possibilités en effet plus rapides pour voir leurs problèmes d'utilisation du produit résolus en profitent au-delà des espérances initiales. Les conseillers commerciaux constituant l'essentiel des ressources des nouvelles structures régionales se trouvent rapidement débordés par l'afflux des demandes de toute nature, de la plus simple à la plus compliquée. Pour réduire le stock de ces demandes qui est un des critères sur lesquels leur « performance » est appréciée, ils optent pour ce que l'on pourrait considérer comme une solution de facilité : répondre en priorité aux demandes les plus « faciles », celles ne nécessitant pas beaucoup de recherches. De ce fait, ils rejettent progressivement vers la concurrence (qui n'en demandait pas tant) les demandes des clients dont les problèmes sont les plus complexes, ceux qui de ce fait amènent l'entreprise à trouver des solutions innovantes. En d'autres termes, la porte est ouverte, dans laquelle se précipitent les « nouveaux entrants », cantonnant la grande entreprise dans le travail routinier, peu créatif et donc peu favorable à la préparation de l'avenir. L'important et le concret (répétons que les deux vont de pair) ne se trouvent donc pas dans la structure, mais dans l'organisation dont elle a favorisé l'émergence sans pouvoir anticiper la forme qu'elle prendrait.

Bien entendu, une fois mis au jour, ce mécanisme fut corrigé. Mais, pour en saisir la complexité, il nous a fallu « éclater » les disciplines traditionnelles autour desquelles s'ordonnent le management et donc le découpage des entreprises : avons-nous traité un problème de marketing, une question de stratégie ou d'organisation ? En fait, c'est cette approche segmentée qu'il fut nécessaire d'écarter pour comprendre la situation. Qu'en conclure ? Non seulement la notion de structure ne permet pas d'atteindre la réalité, mais les découpages qu'elle induit constituent eux-mêmes un puissant obstacle à la compréhension de cette réalité. Ils sont un puissant vecteur de « conservatisme de la pensée » et donc de l'action. Ils constituent cependant la base de ce qui est enseigné aux managers et qu'eux-mêmes vont considérer comme la réalité concrète de l'entreprise dans laquelle ils travaillent [1]. De façon triviale, on pourrait dire que l'on marche sur la tête et qu'il ne serait pas difficile de se remettre sur ses pieds !

Et si nous sommes sur nos pieds, profitons-en pour faire un pas de plus. Ce cas va me permettre d'une part de mettre en évidence une autre limite de cette notion de structure et d'autre part de passer de celle d'organisation à celle de système. En somme, nous allons faire d'une pierre deux coups.

Structure, organisation et système

Dans le cas qui précède, le raisonnement initial des « décideurs » est frappé au sceau du bon sens, mais du sens commun en l'occurrence : puisqu'il faut être proche du client, créons une structure proche du client. C'est en apparence inattaquable et cela remplit donc au moins une des fonctions cruciales de la prise de décision en entreprise : éviter de prendre des risques, faire l'unanimité autour du sens commun et « couvrir » ainsi celui qui en a la charge. Néanmoins, nous avons vu que derrière cette structure s'est rapidement mise en place une organisation, laquelle s'est activée sur sa

1. Nous y reviendrons au chapitre VIII.

logique propre, indépendante de celle qui provoqua le changement initial.

Il faut à présent observer que cette question, dans sa formulation, a réduit la réelle complexité en ne prenant en compte que deux acteurs, les plus évidents bien sûr : l'entreprise et ses clients, simplement différenciés par leur taille et les catégories en vigueur dans la nomenclature édictée par les « stratèges », toujours selon la nomenclature des disciplines du management (*B to B* versus *B to C*). Or, l'analyse que nous avons conduite a bien montré que cette formulation ne permettait pas de rendre compte de la réalité. Au fil de ce travail, nous avons vu apparaître ceux qui, dans les directions régionales nouvelles, géraient la relation aux clients. Ils ont rapidement adopté des modalités d'action qui résolvaient « leur » problème (l'abondance des sollicitations), mais pas celui de l'entreprise ; au niveau opérationnel, il est apparu que ces clients furent segmentés non par leur taille (évidence initiale), mais par la nature des problèmes qu'ils posaient. Enfin un nouvel acteur essentiel apparaît, le groupe des concurrents, ceux en particulier que j'ai appelés les « nouveaux entrants » et qui ont vu dans l'initiative prise par le leader du marché une opportunité inespérée de s'y faire une place.

C'est l'ensemble des relations nouées par tous ces acteurs « pertinents » et les stratégies[1] qu'ils développent à l'occasion du changement de structure de la compagnie qu'il nous a fallu prendre en compte pour comprendre ce qui s'est passé en réalité. C'est cet ensemble complexe que l'on appelle un « système d'action concret », notion aussi fructueuse que mal comprise et peu utilisée dans l'univers des entreprises[2]. Rien de très com-

1. Nous expliciterons plus loin cette notion.

2. Bien entendu, j'emprunte cette notion à Michel Crozier et Erhard Friedberg, *L'Acteur et le système : les contraintes de l'action collective*, Paris, éd. du Seuil,

pliqué, pourtant, au-delà d'un vocabulaire parfois un peu abscons. Ce système se compose d'acteurs qui appartiennent à des structures différentes. Jusque-là, tout le monde peut suivre. Ils sont liés non pas par un organigramme théorique et abstrait, mais par les interdépendances, les relations, qui se créent entre eux autour d'un enjeu, dans le cas présent l'accès au marché d'un produit. Nous ne sommes donc même plus dans le cas d'une « organisation », réalité cachée du fonctionnement d'une structure, mais dans celui d'un réseau d'acteurs, stable ou éphémère selon ce qui les réunit. C'est cela un « système ».

Dès lors, nous nous éloignons – avec profit – de la discussion sur la différence entre structure et organisation qui a constitué la première partie de ce chapitre. Nous nous orientons plus généralement vers une compréhension de la réalité qui remet en cause la façon dont le « concret » est appréhendé par le sens commun dominant dans l'entreprise. Notons au passage que les médias accentuent tous les jours cette dérive du sens commun en considérant comme « concret » ce qui est simple. La réalité étant par nature complexe, demander à un interviewé d'être concret, c'est *de facto* lui demander de ne pas parler de la réalité mais de son apparence. Ce que l'on peut tirer de cette discussion est sans limites dans la vie quotidienne du « business ».

Pour être bien compris, prenons l'exemple d'un marché : il y a longtemps déjà, avec un de mes collègues nous avions été

1992. La notion de « système d'action concret », pour partie élaborée à partir de l'analyse du système politico-administratif local français, fournit un des meilleurs et des plus malheureux exemples de l'extrême difficulté de passer de la mise en évidence d'un cadre conceptuel des plus fructueux à son utilisation dans le monde de l'entreprise. La notion est plus ou moins connue, surtout chez les DRH, mais elle ne dépasse pas ce cadre et apparaît trop « compliquée » pour pouvoir être utilisée. Cela renvoie à nouveau à ce qu'est la réalité. C'est elle qui est compliquée, pas le concept ou la notion qui permettent de la comprendre, d'en rendre compte et d'agir en conséquence.

sollicités pour étudier le marché de l'électroménager « blanc » (celui de la cuisine) en France, aux États-Unis et au Japon. J'avais à l'époque été frappé par les informations que nous fournissaient les postes économiques des ambassades françaises dans les deux pays considérés. Ils détenaient une abondante documentation sur les caractéristiques des produits les plus vendus, les prix par zones d'habitation, les différentes segmentations de clientèle. Cela induisait, pour un producteur français qui aurait souhaité s'implanter dans un de ces pays, de définir une « stratégie » qui tienne compte de ces données : lesquels de mes produits sont les mieux adaptés à quels types de consommateurs en fonction de leurs habitudes et de leur « capacité contributive » ? C'est bien ainsi que se perçoit « concrètement » un marché et que s'élabore une stratégie… ce qui explique quelques échecs retentissants d'implantation à l'étranger. Ces données chiffrées, aussi détaillées soient-elles, suffisent-elles à rendre compte de la réalité d'un marché ? Mieux, sont-elles suffisantes pour définir une stratégie d'accès à ce marché ? La question induit la réponse. Au-delà de cette connaissance « primaire » (même s'il fallut du travail pour l'élaborer), il y a une dimension moins directement perceptible dont la prise en compte va donner une tout autre image du marché et surtout ouvrir des possibilités inattendues. Il s'agit des relations qui se nouent entre tous les acteurs – donc des stratégies qu'ils y développent – sur le marché considéré. Or, ils peuvent être nombreux ces acteurs qui nous font sortir du simple face-à-face entre un producteur et ses clients potentiels. Ils comprennent les distributeurs petits et grands, plus ou moins cartellisés et plus ou moins dépendants des producteurs nationaux ; ils incluent également les pouvoirs publics qui édictent des règles destinées – au Japon par exemple – à protéger le marché national ; ils comportent enfin les associations de consommateurs qui jouent un rôle non négligeable – au Japon à nouveau – dans le processus du renouvellement des produits.

Une fois l'analyse de ce « système » menée à bien, il n'est plus certain que la seule variable garantissant le succès soit la simple adaptation de l'offre à la demande d'une clientèle éventuelle. On comprend qu'on ne peut se dispenser de mettre au jour les relations unissant producteurs nationaux et distributeurs, soit puissants et très bien organisés comme en France, soit éclatés et dépendants des producteurs comme au Japon. En France, une stratégie d'accès au marché peut être de nouer une alliance directe avec les distributeurs, y compris au détriment des producteurs nationaux. Le nouvel allié constituera un moyen de pression efficace sur un producteur national dominant. Dans le cas du Japon, c'est avec les distributeurs qu'il faut trouver à s'entendre, mais dans un tel cas, comment éviter qu'ils ne vous confinent sur quelques « niches » spécialisées, ouvrant peu de possibilités d'un développement ultérieur ? Dans un système plus ouvert, tel celui des États-Unis, l'alliance avec un ou deux distributeurs majeurs comporte sans doute moins de risques et donc de bien meilleures possibilités d'expansion. On pourrait continuer à l'envi la démonstration. Elle souligne la nécessité de développer une autre connaissance dont on peut dire qu'elle constitue l'aspect « humain » (terme très générique, j'en conviens) d'une réalité, certes plus facile à saisir à partir de données chiffrées aisément maîtrisables.

J'ai discuté de cela avec tel ou tel attaché au poste économique d'une ambassade. Ils n'eurent bien évidemment aucune difficulté à comprendre l'intérêt de cette connaissance différente à laquelle je me référais. Mais ils m'ont fait remarquer que s'intéresser à ces aspects ne faisait pas partie de leur mission et que, de toute façon, ils n'avaient pas les outils (intellectuels) pour le faire. Si je suis réaliste, je dirais que j'ai fait chou blanc !

Cela étant, les exemples qui précèdent permettent de tordre le cou à une complexité artificielle, susceptible d'introduire de la confusion dans le mode de raisonnement utilisé. J'ai parfois employé le mot « organisation » et parfois le mot « système » qui tous deux se distinguent de la structure. Mais sont-ils si différents ? En réalité, non. Les deux désignent un ensemble de comportements – de stratégies – d'acteurs. Simplement peut-on considérer que dans une organisation ces acteurs appartiennent à une même structure, alors que dans un système leurs relations se nouent autour d'un problème qui ne suppose aucun autre lien plus formel.

De la difficulté à raisonner autrement

Ce qui vient d'être présenté dans ce chapitre, ce ne sont pas des techniques, pas plus que des conclusions intangibles sur le fonctionnement des organisations humaines. Si tel était le cas, il suffirait de les apprendre par cœur avant de les plaquer en toute occasion sur tel ou tel problème ressortissant d'une situation déjà rencontrée dans d'autres circonstances. La tentation existe : on voit fleurir quantité d'ouvrages, éphémères certes, sur les dix façons de faire ceci ou cela ou sur les *n* clés de la réussite. On le comprend : il est toujours tentant de s'appuyer sur une connaissance construite ailleurs et de l'appliquer mécaniquement à sa propre réalité. Ce faisant, on a sous-traité l'effort à un autre, dont la réputation légitimera de surcroît ce que l'on va faire soi-même. Coup double !

Mais il n'y eut qu'un seul Jack Welch[1] et autant il est intéressant de comprendre son expérience, les difficultés auxquelles il

1. Ancien président de General Electric.

s'est heurté, les solutions qu'il a trouvées, autant rien n'indique que cette pratique soit reproductible quasiment à l'identique dans un autre univers et en d'autres circonstances. Comparaison n'est pas raison, dit la sagesse populaire. Connaître ce que fit Jack Welch, comme tout autre grand dirigeant au parcours exceptionnel, fait partie de la « culture générale » évoquée en début de chapitre, qui permet à chacun de se resituer dans l'histoire et donc d'acquérir de la maturité. Mais il appartient à chacun de construire sa propre connaissance non pas dans des circonstances exceptionnelles de la vie professionnelle, mais en permanence.

Qu'est-ce qui le rend possible ? Ce que j'ai présenté dans les pages qui précèdent, c'est un mode de raisonnement et rien d'autre. Or nous raisonnons en permanence. Autrement dit, le raisonnement n'est pas un appareil électrique qui ne se branche qu'en cas de nécessité ! Il est vrai que nous avons tous tendance à privilégier le raisonnement causal (s'il y a A, il y a B par définition) au détriment du raisonnement systémique qui rend compte d'une complexité qui n'est jamais linéaire. Il est par nature, j'en conviens, plus exigeant, comme il est plus exigeant de comprendre une organisation que d'en décrire la structure.

Étant moi-même sociologue, je trouve parfois le raisonnement mathématique, surtout appliqué à la finance, d'une effroyable complexité ; j'admire ceux qui construisent des ouvrages d'art et je perçois vaguement la masse vertigineuse de variables qu'ils doivent prendre en compte pour réussir leur projet ; comprendre un budget municipal ne me semble pas évident non plus. Bref, tout ce qui se fait à partir d'un raisonnement a sa part de contrainte, comparé au peu d'efforts qu'exige l'accès à la connaissance ordinaire. Mais c'est quelque chose qui s'acquiert et, comme le vélo, quand c'est acquis, ça ne s'oublie pas. C'est une façon, particulière, j'en conviens à nouveau, de regarder autour de soi et d'avoir envie de dépasser l'apparence. Comprendre autre chose que l'apparence procure autant de satisfaction qu'améliorer son score sur un jeu vidéo. Je suggère à chacun d'en faire l'expérience.

CHAPITRE II

Qui commande ?

Tout au long de ma carrière d'enseignant, dans les *business schools* comme dans les entreprises, j'ai essayé de transmettre les modes de raisonnement et les outils qui permettent de comprendre la complexité et d'éviter les solutions toutes faites, rituelles ou de faux bon sens. Mais si, à l'issue de ces sessions, le participant ne s'approprie pas ces modes de raisonnement, s'il en reste à une simple compréhension intellectuelle et extérieure à sa propre réalité, s'il n'en garde que le souvenir d'avoir assisté à un « show », même de qualité, quel que soit son degré de satisfaction, l'entreprise qui a consenti un investissement conséquent pourra être légitimement déçue. Les notions qui ont été présentées, expliquées et illustrées doivent passer l'épreuve du feu en étant directement appliquées aux situations quotidiennes ou aux difficultés que rencontrent ces participants. Certes, il serait déraisonnable d'escompter que chacun atteigne le même degré d'intérêt ou de compréhension. Mais je me suis toujours efforcé à ce que les participants utilisent les outils transmis pour analyser leur propre réalité et ce, durant la session elle-même. L'inégalité des résultats obtenus n'étonnera personne.

Ce qui est remarquable en revanche, c'est la récurrence des sujets étudiés à travers le temps, quelles que soient les entreprises concernées ou les parties du monde dans lesquelles elles opèrent. Je veux bien croire que les « différences culturelles » soient un sujet majeur pour le management, mais elles ne sautent pas aux yeux quand on met les mains dans le cambouis de la vie quotidienne des organisations. Sans doute à nouveau confond-on l'apparence et la réalité ou le contenant et le contenu.

Les cas d'application proposés tournent le plus souvent autour d'une situation qui peut se résumer ainsi : un « problème » apparaît dans une entreprise ou une de ses unités – des retards de livraison, des dérives de qualité, des absences trop nombreuses, etc. –, et on nomme « quelqu'un » pour prendre en charge et résoudre la difficulté. Ce qui déclenche ce processus, c'est l'apparition de ce « symptôme » sur l'agenda des dirigeants. Ceux-ci sous-traitent donc à un subordonné la résolution du problème, selon ce schéma classique du chef qui indique ce qui doit être traité et laisse prudemment aux autres le soin de le faire. À charge pour celui à qui incombe cette mission de produire le bon diagnostic et de trouver une solution rapide et efficace. On se doute bien que, dans une session de formation, le cas est généralement proposé par celui qui a été désigné et, s'il le propose, c'est le plus souvent pour trouver une issue aux difficultés qu'il rencontre.

Une fois analysés, ces « cas » dressent à peu près toujours le même constat : la difficulté évoquée est rarement le résultat de la négligence ou de la mauvaise volonté d'un acteur. Elle découle soit d'injonctions contradictoires : « la qualité est la priorité absolue » alors qu'en même temps le service est évalué sur le respect des délais de livraison ; soit – et ceci entraîne cela – d'un arrangement entre les acteurs : tout le monde peut se mettre d'accord pour que les délais de livraison soient respectés, surtout si une partie de la rémunération de chacun en dépend, en sacrifiant par là même tout ou partie de l'impératif de qualité. C'est un classique de la vie des organisations. Le dirigeant, quant à lui, souhaiterait qu'on atteigne l'optimum des deux nécessités, mais se soucie rarement des conditions pour y parvenir. Dans la suite de l'analyse, il apparaît le plus souvent comme un acteur « neutre », peu impliqué dans les conflits que ses décisions ont contribué à faire émerger.

D'où la désignation de quelqu'un, clairement identifié aux yeux de tous, en charge de résoudre la difficile équation. Cette démarche volontariste associant un homme (ou une équipe) à un problème a parfois concerné l'entreprise dans son ensemble : on se souvient de la grande période des « directeurs qualité », comme si celle-ci pouvait être réduite à un segment de l'organisation, détachée de la complexité du fonctionnement global et confiée à une personne ou un service qui, d'un coup de baguette magique, alignerait les comportements autour de cet impératif. Le titre de « directeur » devait sans doute aider à y parvenir… Ainsi se sont succédé les « Monsieur » ou « Madame » quelque chose, procurant à ceux qui les ont désignés le sentiment d'avoir pris le problème à bras-le-corps. Il s'agit en fait beaucoup plus d'agitation que d'une action réfléchie à partir d'une connaissance sérieuse de la réalité et donc des causes profondes de ce que l'on cherche à corriger.

Car c'est sans doute là une des illustrations les plus parlantes de ce que j'ai appelé la « paresse intellectuelle ». Dans le rituel qui vient d'être décrit – c'est bien de cela dont il s'agit en effet –, jamais la question de la capacité d'action de celui en charge de la mission n'est posée. Elle est même soigneusement évitée, car la poser d'emblée déclencherait des conflits de territoires ou de compétences avant même que la mission n'ait débuté. Cela évoque, dans un tout autre domaine, l'étonnante étude de Graham Allison sur les conflits au sein du Conseil de sécurité nationale des États-Unis lorsque l'Union soviétique a installé des missiles sur l'île de Cuba[1]. Pour éviter ce même assaut de réactions

1. Graham Allison, *Essence of Decision : Explaining the Cuban Missile Crisis*, New York, Pearson, 1999 (2e éd.).

partisanes, on nomme quelqu'un sur lequel est externalisée la responsabilité de trouver une solution. On se soucie peu de ses chances de succès, on fait le dos rond et on attend de voir la suite. Tout le monde est déresponsabilisé sur le sujet en question : un seul acteur en a dorénavant la charge. À lui de se débattre dans l'adversité et bonne chance !

La notion de « capacité d'action » qui vient d'être évoquée ne se réfère pas à des qualités individuelles (le fameux « leadership » par exemple), pas plus qu'elle ne vise des moyens matériels ou humains, plus ou moins abondants, alloués pour mener une mission à bien. Elle fait très directement référence au *pouvoir* qui est nécessaire pour infléchir les comportements, les réorienter, voire en éradiquer certains. Or la réalité de cette notion est méconnue ou négligée – ce qui revient au même – par les dirigeants et par les « managers » dans leur ensemble. Nous en verrons les effets très directs et parfois dévastateurs.

Ce n'est pourtant pas faute, pour les sciences sociales, de s'être penchées sur cette question du pouvoir et d'avoir produit une très abondante littérature. Ce n'est pas l'objet de ce livre d'en faire la revue[1]. Mais de Max Weber[2] et ses types d'autorité à Michel Crozier[3] et son irremplaçable étude des ateliers de la Seita, en passant par Robert Dahl et la mise en évidence du déséquilibre inhérent à la relation de pouvoir[4], peu de domaines

1. On trouvera cette revue dans Jean-Claude Ruano-Borbalan et Bruno Choc (dir.), *Le Pouvoir : des rapports individuels aux relations internationales*, Auxerre, Sciences humaines, 2002.

2. Max Weber, *Le Savant et le Politique*, préface de Raymond Aron, Paris, 10/18, 2002.

3. Michel Crozier, *Le Phénomène bureaucratique : essai sur les tendances bureaucratiques des systèmes d'organisation modernes et sur leurs relations en France avec le système social et culturel*, Paris, éd. du Seuil, 1963.

4. Robert Dahl, *Qui gouverne ?*, Paris, Armand Colin, 1971.

ont autant été débattus que celui-ci. De cette abondance on retiendra deux éléments qui ne souffrent plus contestation aujourd'hui :

1. Pas plus que l'organisation ne se réduit à la structure, le pouvoir ne se réduit à la hiérarchie.
2. Le pouvoir, c'est contrôler quelque chose d'important pour d'autres acteurs ou pour l'organisation elle-même[1].

La méconnaissance par les managers de ces deux éléments est à l'origine de bien des déboires, des échecs et d'une partie des souffrances du monde du travail.

Les chefs ne commandent pas toujours

Simple question de cohérence au regard de ce qui a été discuté sur la dimension abstraite d'une structure. « Lire » la distribution du pouvoir dans une organisation ne consiste pas à remonter – ou descendre – les différents échelons. Le titre que l'on porte (chef, responsable, directeur, chargé de) n'induit rien sur le pouvoir dont on dispose réellement malgré la fascination que ces titres ne cessent d'exercer. D'ailleurs, les entreprises en ont bien l'intuition : combien de promotions accompagnées de titres ronflants ne sont en réalité que des « mises au placard » sur lesquelles personne n'a de doutes.

Cependant, dans leur pratique quotidienne, dans la rhétorique qu'elles utilisent tous les jours, elles en restent au taylorisme traditionnel, postulant une adéquation quasi parfaite

1. La sociologie académique appelle cela « contrôler une incertitude pertinente ». Nous devons ce concept à Michel Crozier.

entre pouvoir et hiérarchie. D'où par exemple l'obsédante question de celui qui reçoit une nouvelle affectation : « à qui je rapporte ? », la proximité de Dieu étant supposée élever au rang de saint. Mais d'où, aussi, la facilité coupable de donner un titre à celui à qui l'on confie une mission particulièrement difficile. Ce titre est supposé lui procurer *de facto* un pouvoir incontestable sur les autres acteurs, condition nécessaire et suffisante à l'accomplissement de la tâche. Ce faisant, la logique de l'échec est lancée et le titulaire de la mission en sera tenu pour seul responsable. Il aura manqué d'autorité, de « leadership », de capacité à entraîner l'équipe, il aura « beaucoup déçu », bref, tout ce que la logorrhée managériale a inventé pour clouer au pilori celui qui a été mis en condition... d'échouer.

Dans les sessions de formation, la découverte de cette réalité simple par celui qui la vit, l'expose et donc l'analyse est toujours un moment difficile et frustrant. Elle génère parfois le sentiment d'avoir été trompé, parfois le sentiment de s'être trompé. Mais elle conduit le plus souvent à penser différemment les conditions de succès d'une responsabilité *transversale* et en particulier à poser la question du pouvoir nécessaire à sa réussite.

Car c'est bien de cela qu'il s'agit. On sait tous les espoirs mis dans le passage de modes de fonctionnement traditionnels segmentés et séquentiels [1] à des fonctionnements transversaux, horizontaux ou par projets. Les entreprises en attendent – à juste titre si le passage s'effectue correctement – une meilleure qualité à un moindre coût. C'est le très fameux « faire plus avec

1. J'appelle ainsi une organisation en « silos », dans laquelle une unité ne commence à travailler sur un produit ou un projet que lorsque celle qui la précède dans la chaîne de production a terminé sa propre part du travail.

moins » qui pose toujours des problèmes douloureux, aux bureaucraties administratives en particulier. Mais dans un monde de plus en plus concurrentiel, où cette capacité de faire plus avec moins conditionne le succès, c'est bien l'organisation telle que définie au chapitre précédent qui constitue la variable d'ajustement et donc le facteur clé de succès[1]. Chacun peut comprendre que la mutualisation des ressources permet des économies substantielles. De même est-il clair que la coopération, en permettant une négociation directe des divergences d'intérêt, « contient » la tendance à l'externalisation sur le client des dérives de qualité issues de l'absence de dialogue. L'industrie automobile fut pionnière en la matière, pour qui l'amélioration constante du « QCD[2] » est très vite devenue une condition de survie. Les autres secteurs ont suivi avec plus ou moins de succès. Cette exigence de transversalité a été renforcée par la nécessité toujours plus pressante de proposer aux clients des solutions « intégrées[3] ». Leur mise en œuvre suppose de faire travailler ensemble des parties de l'entreprise qui jusque-là se connaissaient à peine et qui bien souvent se découvrent plus d'intérêts divergents que convergents. Y réussir est d'autant plus difficile que l'entreprise est ankylosée dans un fonctionnement en silos.

1. Rosabeth Moss Kanter fut une des premières à mettre en évidence le rôle de l'organisation dans la capacité d'adaptation des entreprises dans *When Giants Learn to Dance : Mastering the Challenge of Strategy, Management and Careers in the 1990s*, New York, Simon & Schuster, 1989.

2. Le rapport Qualité, Coût, Délai.

3. On nomme « solution intégrée » ce qui est proposé au client et qui va au-delà du produit initial que l'entreprise offre traditionnellement. L'électricité est un produit, la domotique une solution. Passer du produit à la solution permet aux entreprises de capter la « valeur ajoutée » dans des activités liées à l'utilisation de leur produit de base.

Le désarroi du chef de projet

C'est alors qu'a pris toute son importance ce personnage quasi mythique de la vie des organisations : le chef de projet. Mais c'est lui également qui est devenu le symbole de la souffrance induite par les nouvelles formes d'organisation du travail[1], laquelle résulte pour une grande part de la méconnaissance de quelques données élémentaires de l'action collective. Le chef de projet est en effet un *intégrateur*. Il doit faire coopérer – autre mot-clé de la souffrance au travail – des individus ou des entités qui jusque-là bénéficiaient d'un haut degré d'autonomie. Dès lors qu'ils doivent travailler ensemble et quelle que soit la connotation hautement positive du mot « coopération », ils perdent une part au moins de leur autonomie protectrice. Pire même, ils passent de relations nulles ou indifférentes avec le reste de l'organisation à des relations dures, conflictuelles, basées sur la confrontation, liées aux situations de dépendance induites par la coopération. Ce chemin, c'est le chef de projet qui est chargé de le leur faire accomplir. Or le lien entre coopération, dépendance et souffrance n'apparaît pas de prime abord aux acteurs concernés. Il est masqué par la rhétorique molle sur le supposé plaisir de travailler ensemble, la découverte de nouvelles façons de faire et de nouveaux partenaires. Les désillusions viendront d'autant plus vite que l'entreprise elle-même ne cherche jamais à « préparer » ses salariés à cette épreuve. La non-gestion humaine des conséquences du passage à de nouvelles formes de travail continue de constituer une des sources du malaise croissant face au travail.

1. Voir François Dupuy, *La Fatigue des élites : le capitalisme et ses cadres*, Paris, éd. du Seuil, « La République des idées », 2005.

Je suppose que le lecteur sent monter l'inquiétude : nous sommes partis de quelque chose de quasi idyllique (initier et conduire un travail collectif) et nous débouchons soudain sur une dureté inattendue : il faut rogner l'autonomie des parties prenantes, les amener à composer sur la plus petite décision et le plus souvent les contraindre à accepter d'être évaluées sur un résultat dont elles ne maîtrisent que très peu des composantes. C'est un « challenge », comme on dit pudiquement dans ces cas-là. À tout le moins a-t-on doté ce chef de projet du *pouvoir* nécessaire pour accomplir cette périlleuse mission ? C'est là que le bât blesse et parfois tue. Car, à quelques exceptions notables près, cette victime de l'inculture ne dispose que de sa bonne volonté et s'épuise rapidement à la tâche. L'observateur attentif repère très vite vers où dérive son rôle : d'animateur compétent et dévoué, le chef de projet se mue en politicien accompli. Il ruse, négocie, noue des alliances, les renverse, tout ça pour un résultat toujours aléatoire. Il s'épuise dans une tâche désespérée et il n'y a aucune surprise à constater que, dans l'industrie automobile par exemple – décidément pionnière en la matière –, il devient chaque jour plus difficile de décider un jeune cadre à accepter cette responsabilité.

Pour comprendre ce qui conduit parfois à un véritable désastre humain et organisationnel, il faut donc revenir à la question du pouvoir. J'ai souligné plus haut ce qu'il n'est pas et qui cependant persiste contre vents et marées à être le cadre de réflexion et donc d'action dominant dans les entreprises. Je vais maintenant m'attacher à montrer ce qu'il est. À travers un exemple, j'illustrerai comment il peut conduire à une appréhension très différente de la réalité et de ce fait à des décisions moins triviales et plus raisonnées.

Qu'est-ce que le pouvoir ?

Le pouvoir, c'est donc contrôler quelque chose d'important pour d'autres acteurs ou pour l'organisation elle-même. Avant même d'être discutée, cette définition simple résout à elle seule l'énigme du chef de projet. Dans la majorité des cas, personne ne semble avoir pensé qu'un *intégrateur* ait besoin d'un pouvoir fort pour jouer ce rôle avec efficacité. Les entreprises ont recherché des qualités individuelles – pourquoi pas ? – issues de tous les bavardages sur le leadership. Elles n'ont pas travaillé à doter les chefs de projet des ressources organisationnelles nécessaires à l'accomplissement de leur tâche. La facilité l'a emporté sur l'effort de connaissance.

Que nous apprend cette définition ? Que l'on n'a du pouvoir que dans une relation ; que celle-ci est déséquilibrée mais réciproque ; que la « densité » de ce pouvoir dépend de l'importance de ce que l'on contrôle. Un exemple simple suffit à illustrer cette proposition : quelques personnes se trouvent dans un lieu uniquement accessible en automobile. Celui qui en possède une contrôle quelque chose. Mais si ses compagnons ne souhaitent pas bouger, ce qu'il contrôle n'a aucune importance pour eux et ne lui confère donc aucun pouvoir réel. Une fois compris cela, chacun peut s'amuser à relire toutes les organisations dans lesquelles il travaille ou avec lesquelles il est en relation. L'exercice n'a rien de difficile : nous le faisons tous dès que nous sommes en relation avec une assistante de direction. L'accès au « patron » est une incertitude cruciale qui permet de faire de la distribution des rendez-vous un pouvoir redoutable. Mais ce raisonnement doit aussi être manié avec prudence car la réciprocité de la relation indique qu'il n'y a pas de pouvoir absolu. La vraie question est donc : est-ce ce que celui qui demande le rendez-vous contrôle lui-même, qui va servir de base à la négociation implicite ?

Pour rester dans la « vraie vie », observons le comportement d'un fonctionnaire de guichet. Il répond à cette question. Personne n'a intérêt à arriver devant lui dans une attitude menaçante ou revendicatrice. Le faire peut conduire à un accroissement soudain et incontrôlable de la difficulté à résoudre la question qui a amené le citoyen devant ce guichet. Il faut donc faire « allégeance », montrer que l'on respecte ce fonctionnaire – en réalité que l'on comprend son pouvoir – et que l'on ne fait aucune pression sur lui. C'est ce que son pouvoir lui permet de négocier, d'autant plus qu'on ne vient devant un guichet administratif que si on y est vraiment obligé par une question difficile à résoudre par d'autres moyens. Par contre, l'agent a tout intérêt à résoudre le problème posé, car ne pas le faire pourrait entraîner une intervention d'un niveau supérieur, donc une remise en cause de son autonomie. N'oublions pas que le conflit employé de base/client ou administré permet à la hiérarchie d'en savoir un peu plus sur la vie quotidienne dans les services. Pour simple et bien connu qu'il soit, cet exemple résume à lui tout seul la vie des organisations.

On peut l'élargir et en faire une grille de lecture efficace pour une entreprise dans son ensemble. On peut ainsi mieux comprendre les équilibres qui la caractérisent et leurs évolutions en fonction de la variation du contexte économique et non du changement de tel ou tel individu. En situation monopolistique ou quasi monopolistique, les commerciaux ont peu de pouvoir ; en situation de concurrence exacerbée, le contrôle du client devient au contraire l'« incertitude » majeure autour de laquelle vont s'organiser les relations entre les acteurs. Un pic de production à assurer transfère le pouvoir vers les ateliers qui vont s'en servir pour négocier des avantages pérennes, comme le feront d'autres catégories mises dans une situation analogue.

Bref, les entreprises peuvent avoir des structures identiques et une répartition du pouvoir très différente. Nous retrouvons là, sous un angle différent, le débat entre structure et organisation : regarder les relations de pouvoir et comprendre autour de quelles incertitudes elles se nouent autorisent une appréhension dynamique de l'organisation, très éloignée de l'image statique que nous en donne la structure. Surtout, l'impact sur l'action peut être considérable : loin des « réorganisations » qui le plus souvent relèvent de la politique symbolique, une porte s'est ouverte qui permet de travailler sur la distribution du pouvoir en fonction des nécessités. C'est une avancée considérable. La tendance naturelle des entreprises, c'est de dessiner leurs structures avant même que d'avoir réfléchi en termes concrets à ce qu'elles veulent obtenir.

C'est méconnaître combien il est fructueux de définir d'abord le mode de fonctionnement souhaité et de réfléchir aux conditions pour l'obtenir. À ce stade, la prise en compte de la répartition du pouvoir réel est essentielle. Ce n'est qu'une fois ce travail accompli que la structure vient matérialiser ce qui a été fait en amont. Elle est un résultat bien plus qu'un préalable et c'est pourtant sur elle que se focalisent des débats parfois passionnés. La conséquence est immédiate : la distribution du pouvoir n'est ni prévue ni maîtrisée, et la forme prise par l'organisation réelle échappe aux responsables. Elle crée des difficultés inattendues et amène le management à réagir souvent à la hâte faute d'avoir anticipé les choses. Voici un exemple qui illustre l'apport décisif d'une réflexion sur le pouvoir.

Un exemple d'analyse à partir de la notion de pouvoir

La banque en question est située dans un pays à forte croissance économique. Elle a été créée au milieu du XXe siècle et comporte quelques implantations à l'étranger, dans des pays environnants. Mais en ce qui concerne la partie « banque de détail », elle réalise 90 % de son PNB (produit net bancaire) sur son territoire d'origine : grâce à un maillage commercial très important lié à l'ouverture systématique d'agences à travers tout le pays, la banque a connu un succès rapide auprès de la clientèle des particuliers. De plus, elle dispose d'une offre riche et complète qui lui permet de couvrir les besoins des différents segments de clientèle.

La structure de la banque de détail est pyramidale et, comme de coutume, c'est elle qui nous a été présentée en premier. Brièvement, elle se présente ainsi :

– Une direction du réseau dotée de toutes les grandes fonctions supposées lui assurer une grande efficacité dans le pilotage : marketing, commercial, ressources humaines, finance, contrôle de gestion, gestion des risques, etc.

– Le réseau est divisé en dix grandes directions régionales ayant chacune à leur tête un directeur régional rattaché au directeur du réseau. Chacune de ces régions comprend en son sein les mêmes fonctions que la direction du réseau. Elles sont donc prévues pour avoir les mêmes capacités de pilotage.

– Les régions sont, comme dans la plupart des banques, divisées en « groupes d'agences », chaque groupe comprenant une dizaine d'entre elles. L'objectif est d'assurer la cohérence des politiques menées sur une même zone géographique.

– Ces agences ont une organisation relativement simple et « plate » : elles sont composées du directeur d'agence, de conseillers commerciaux et d'agents de guichet, au total entre dix et vingt personnes. La clientèle est divisée en quatre segments selon son patrimoine et ses revenus. Les plus anciens conseillers gèrent les clients les plus importants. Il est fondamental de remarquer que les directeurs d'agence ne gèrent aucun portefeuille de clientèle, mais, selon une de ces formules vagues qu'adorent les organisations, ils sont là pour « soutenir les conseillers commerciaux dans la vente des produits et services ».

Les procédures budgétaires et commerciales révèlent peu de surprises. Et s'établissent schématiquement comme suit :

– La direction du réseau émet une lettre de cadrage précisant pour chaque région les résultats attendus, surtout définis en termes de chiffre d'affaires (logique de développement rapide) et plus marginalement sur des critères de rentabilité.

– La procédure suit la ligne hiérarchique : les directeurs régionaux, les directeurs de groupe et les directeurs d'agence déclinent les objectifs définis par la direction du réseau. Un système de va-et-vient permet à la direction du réseau de clôturer le budget et de le soumettre à la direction générale de la banque.

Rien de très original dans tout cela, si ce ne sont trois points qui méritent de retenir l'attention : le monopole de fait dont disposent les conseillers commerciaux vis-à-vis de leurs clients (on verra qu'ils ne partagent jamais la moindre information sur ces clients), lui-même renforcé par la faible mobilité interne ou externe de cette population de conseillers ; l'absence d'accès du directeur d'agence à ces clients même s'il en a la possibilité théorique ; une évaluation de la performance commerciale prenant plus en compte le revenu généré que la rentabilité.

Quelles sont les difficultés auxquelles ce réseau doit faire face et qui ont nécessité l'appel à une assistance extérieure ? Une partie d'entre elles peuvent être mises sur le compte de la crise économique qui commence à affecter le pays pourtant relativement préservé jusque-là. Mais l'argument ne convainc pas les dirigeants : ils observent que la concurrence ne semble pas affectée de la même manière. De plus, malgré toutes les initiatives prises au fur et à mesure des alertes, le trouble persiste : le PNB continue de décroître régulièrement alors que les actions commerciales volontaristes se multiplient ; la fidélité traditionnelle de la clientèle s'érode, surtout dans les segments les plus profitables ; la rentabilité est à peine au point d'équilibre, justifiant des efforts importants mais trop tardifs pour réduire les coûts d'exploitation et augmenter les marges bénéficiaires sur les produits et services. À cela il faut ajouter une agitation syndicale naissante entretenue par une incompréhension croissante de la part des personnels et même de l'encadrement devant les initiatives désordonnées prises par la banque pour redresser la situation. Elle est renforcée par une évolution des carrières et des rémunérations de moins en moins favorable. On n'oubliera pas l'étonnant constat qui vient s'ajouter à la confusion générale : la quasi-totalité des conseillers clientèle atteint sans grandes difficultés les objectifs commerciaux tels que le processus budgétaire a permis de les établir.

Que disent les différents acteurs de cette situation [1] ? Le directeur du réseau établit un premier diagnostic. Il reste certes au niveau de l'intuition mais ouvre une voie qu'il n'est malheureusement pas à même de creuser par manque d'outils d'analyse :

1. Observons au passage que la « matière première » utilisée pour conduire cette analyse est le discours des acteurs à travers lequel ils décrivent leur perception de la réalité. Le recueil de ces propos ne nécessite aucun investissement financier particulier. Nous verrons au chapitre VIII que là réside la réticence des grands cabinets de conseil à privilégier ce type de méthodologie.

> Ils [les directeurs régionaux] s'engagent sur des budgets prévisionnels et pourtant je ne suis pas sûr que ces budgets correspondent à une optimisation de nos potentialités [*sic !*] de développement commercial. J'ai l'impression qu'ils cherchent à minimiser les risques qu'ils pourraient eux-mêmes prendre en s'engageant sur des objectifs plus ambitieux [...]. Ma direction générale me presse pour que j'accélère les changements et je n'hésite pas à le faire. Mais avant de me heurter aux réticences des personnels des agences, je constate déjà auprès des directeurs régionaux une certaine réserve. Ils ne me disent pas non, mais dans les faits, ils ne me disent pas oui non plus.

Quitte à anticiper, il est remarquable de voir que ce dirigeant perçoit sa très faible emprise sur sa propre organisation. Il dit clairement qu'il n'a pas le pouvoir d'obtenir des autres acteurs qu'ils fassent ce qu'il souhaiterait les voir faire. En revanche, dans son propos, rien ne permet de remonter aux mécanismes qui conduisent à cette situation. Dans une vision toujours très hiérarchique, il met en cause le niveau immédiatement inférieur, ce qui le prive *de facto* d'une vision d'ensemble.

Pour aller tout de suite à l'autre bout de la chaîne, constatons que les clients se disent informés des problèmes actuels que connaît la banque. Il est vrai que les médias s'en font largement l'écho. Ils s'estiment satisfaits de la considération avec laquelle ils sont traités, mais font une distinction entre la banque en général qu'ils perçoivent comme lourde et bureaucratique et « leurs » conseillers, auxquels ils reconnaissent beaucoup de qualités d'écoute et de souplesse en particulier. Il ne faut pas une grande capacité d'analyse pour comprendre que ce sont ces mêmes chargés de clientèle qui prennent de la distance par rapport à leur institution et pour tout dire, n'hésitent pas à la critiquer. Écoutons quelques clients :

> Mon conseiller commercial n'hésite pas à me téléphoner au bureau ou à mon domicile quand une offre est nouvelle et qu'il pense qu'elle pourrait m'intéresser. Et je suis content de la façon dont mes comptes sont suivis. Le conseiller commercial qui s'occupe de moi est toujours disponible et prêt à trouver de bonnes solutions. Il lui est arrivé de me faire des ristournes sur des produits comme la carte de paiement de mon conjoint pour que je les achète plus facilement ou de me faire des facilités de trésorerie gratuites.
>
> Le mois dernier, j'ai demandé un crédit dans les plus brefs délais. Le conseiller commercial a bouclé le dossier dans la journée en me disant qu'il n'y aurait pas de problème. Puis il m'a rappelé pour me dire que les services administratifs demandaient des papiers supplémentaires et que cela prendrait plus de temps que prévu. Je ne lui en veux pas car j'ai bien compris qu'il avait essayé de m'aider, mais il m'a expliqué qu'il s'était heurté aux lourdeurs de la maison.

On rencontre certes quelques clients mécontents. À y regarder de près, ils constituent une catégorie particulière : répondre à leurs demandes nécessiterait la coopération entre plusieurs compétences, donc le partage du client entre plusieurs conseillers. Or il a été observé que cette pratique n'a pas cours dans cette banque. Quand les conseillers s'entraident, c'est simplement pour éviter que les ennuis de l'un ne déclenchent une inspection sur tous. Auquel cas, on peut « passer » un peu de son PNB à un collègue, mais jamais un client.

Mais ces conseillers, comment perçoivent-ils leur propre situation ? La banque dans son ensemble est l'objet de vives critiques. Nous avons vu qu'elles sont répercutées auprès des clients. Tous les niveaux, toutes les fonctions sont jugés à la fois technocratiques et bureaucratiques. En un mot, les conseillers estiment que leurs dirigeants ne comprennent pas les problèmes qu'ils rencontrent dans leur vie quotidienne. Cette culpabilisation de la hiérarchie par le « terrain » n'est pas nouvelle. Elle est même un grand classique de la vie des organisations. Ce qui lui donne toute son importance, c'est sa mise en perspective avec les propos des autres acteurs : le dirigeant ne sait pas ce qui se passe et les employés considèrent que de toute façon il n'y comprend rien. En fin de course, tout le monde constate que les décisions sont inadaptées. C'est le contraire qui aurait surpris !

Voici de vive voix ce qu'expriment les conseillers :

> Depuis que nos difficultés sont devenues publiques et sérieuses, on a l'impression que nos dirigeants s'affolent. Ils multiplient les priorités et les projets de redressement, en plus sans se concerter entre eux et personne ne s'y retrouve. À nous de faire le tri.
>
> Il nous tombe tellement de choses sur la tête qu'on ne peut pas tout faire. Alors on finit par choisir nous-mêmes ce qui nous semble important.

On est frappé par l'absence du directeur d'agence en tant qu'acteur pouvant leur apporter de l'aide dans cet univers qu'ils décrivent comme quasi délétère. Nulle animosité pourtant. L'agence comme son directeur participent d'une ambiance conviviale :

> On s'entend bien entre nous et, de toute manière, on n'a pas le choix. C'est à cette condition qu'on arrive à résister aux pressions désordonnées qui viennent de la hiérarchie.
>
> Il y a deux choses qui comptent dans l'agence : maintenir une bonne ambiance et satisfaire les objectifs commerciaux. Alors on fait tout pour y parvenir. Et si l'un d'entre nous a du mal à réaliser ses objectifs, il est aidé par ceux qui marchent bien. Soit on lui transfère une partie des objectifs réalisés, soit on fait des ristournes aux clients pour qu'ils achètent plus facilement les produits.
>
> À la limite, le plus important c'est notre autonomie commerciale. On en a besoin pour bâtir notre crédibilité auprès des clients car ils

> veulent avoir un interlocuteur unique qui puisse répondre au plus vite à leurs demandes. Alors pour être plus libres dans la négociation, on évite le plus possible d'impliquer la hiérarchie dans nos relations commerciales.

Les directeurs d'agence ne disent pas autre chose que leurs subordonnés. Ils permettent simplement de comprendre que les chargés de clientèle mobilisent ces clients face à une organisation qui semble les ignorer. Or, dans une entreprise en difficulté comme celle-ci, l'argument du « client » porte d'autant plus que la survie en dépend. Sans doute qu'entre les deux le cœur du directeur d'agence balance, mais on se doute du côté vers lequel il finit par tomber :

> Je comprends bien les arguments de notre hiérarchie. Mais je comprends aussi ceux de mes commerciaux : ils veulent éviter de donner l'impression aux clients que la banque cherche à se refaire une santé sur leur dos.

> Lorsque j'ai pris mes fonctions de directeur, j'ai voulu impulser un management un peu plus directif que mon prédécesseur. J'ai organisé des réunions hebdomadaires avec tous les commerciaux pour échanger sur les clients et pour voir comment développer des actions commerciales plus collectives. J'ai fini par abandonner car j'ai senti que les relations entre eux et moi mais aussi entre eux se dégradaient fortement. J'ai compris que tant que vous demandez aux commerciaux de participer à la vie de l'agence, d'être coopératifs, tout va bien. Mais il ne faut pas toucher au client. Pour eux, le client c'est tabou et ça ne se partage pas.

> On a difficilement accès aux potentialités de développement commercial des portefeuilles de clients gérés par les commerciaux. Alors on fait avec et on part du principe que les déclarations des commerciaux correspondent à la réalité.

Pour ne pas alourdir cette présentation, je n'ajouterai pas de citations provenant des niveaux intermédiaires. Ceux-ci ne font que confirmer la difficulté d'« atteindre » les conseillers commerciaux. Il leur semble donc très difficile de faire redescendre des directives, des projets, des priorités dont eux-mêmes questionnent le bien-fondé. Entre l'agence et la direction générale ils jouent la neutralité. Les incidents – dont on a vu que les commerciaux s'arrangeaient pour les rendre exceptionnels – constituent pour eux la seule possibilité d'entrevoir ce qui se passe dans le monde un peu mystérieux de l'agence. Mais ont-ils quelque intérêt que ce soit à rompre ce fragile équilibre ?

Telles sont les données de base, celles de la connaissance ordinaire. Faut-il alors se précipiter, juger, condamner, faire de grands moulinets avec les bras ? Doit-on pointer du doigt une direction générale laxiste qui a perdu la main et cédé devant les menaces des exécutants ? Est-il bon au contraire de s'insurger contre ces conseillers qui piétinent allègrement la survie de leur entreprise pour préserver une autonomie bien mesquine au regard des menaces qui planent sur tous ? Qu'on ne s'y trompe pas : dans la réalité, chacun a le sentiment que c'est l'autre, les autres, qui conduisent l'entreprise à sa perte. Les conseillers commerciaux jurent que, sans eux, le désastre serait déjà consommé et qu'on leur est bien peu reconnaissant de leurs efforts. Faut-il balayer tout ce beau monde dans une nuit du 4 août pure et dure et nommer enfin un vrai « leader », un homme à poigne ? Rien de tout cela sans doute et constatons que, dans ce cas comme dans les autres, la connaissance ordinaire ne permet pas de dépasser la polémique partisane à laquelle succèdent généralement des solutions toutes faites. Il faut donc s'atteler à retrouver la réalité dans sa complexité et sa dimension systémique, en d'autres termes essayer de comprendre pour pouvoir agir[1].

1. On peut noter à nouveau que le postulat selon lequel « la connaissance permet l'action » est défendu depuis longtemps par les sciences sociales. Voir, à

Comprendre pour agir

Pour ce faire, posons simplement la question qui constitue le fil rouge de ce chapitre : dans cette organisation, qui a le pouvoir ? Les conseillers commerciaux, sans aucun doute. La réponse à cette question ne nécessite ni connaissances particulières ni efforts excessifs. Il ne viendrait sans doute à l'esprit de personne d'attribuer beaucoup de pouvoir aux différents échelons de la hiérarchie, de la direction générale aux directeurs d'agence.

Qu'est-ce qui donne ce pouvoir aux commerciaux ? Non seulement l'accès aux clients, bien sûr, mais surtout le monopole qu'ils ont de cet accès. Si chacun dans l'organisation pouvait à loisir visiter la clientèle, le pouvoir des conseillers ne serait pas le même. Ils le comprennent si bien qu'ils n'échangent jamais la moindre information sur leur portefeuille, pas plus avec le directeur d'agence qu'avec leurs collègues. L'importance de contrôler cette relation est accrue par les difficultés que connaît la banque : plus elle souffre et plus il faut « ramener » du chiffre d'affaires et seuls les conseillers peuvent le faire. Ils le font en effet, quitte pour cela à donner toujours plus d'avantages à ces clients (ristournes, services non facturés), obérant par là même la rentabilité de la banque.

Dans cette situation, c'est à leur niveau que se fait la politique quotidienne de la maison. Certes la direction du réseau crée toujours de nouveaux produits, de nouvelles priorités, de nouveaux plans d'action. Mais les commerciaux sont en grande partie libres d'appliquer ce qu'ils veulent et de choisir les produits

---

titre d'exemple, Chris Argyris, *Knowledge for Action : A Guide to Overcoming Barriers to Organizational Change*, San Francisco, Jossey-Bass, 1993.

qu'ils vont distribuer. À celui qui s'irriterait de cette situation et la jugerait inacceptable (« Je ne comprends pas que… »), je ferais remarquer que l'autonomie des agents est largement entretenue par l'absence d'intégration du sommet : moins les services de la direction du réseau communiquent, moins ils échangent sur les initiatives de chacun, plus ils placent ceux qui ont à appliquer leurs décisions en position d'intégrer ce que les autres niveaux n'ont pas été à même de faire. La situation « privilégiée » des commerciaux n'est donc pas le résultat d'une manipulation de leur part. Elle résulte de la façon dont s'articulent les comportements des différents acteurs.

On se trouve ainsi face à un cercle vicieux : moins le sommet reçoit d'informations, plus il lance d'initiatives dans tous les sens pour être certain de couvrir l'ensemble des besoins supposés des clients (stratégie dite du « tapis de bombes ») et moins ces initiatives ont de chances d'être adaptées aux nécessités, renforçant ainsi le pouvoir des conseillers commerciaux. Durant l'enquête, nous avons pu observer directement ce mécanisme : la direction a lancé une nouvelle initiative sous le nom « PNB 2012, pas un client en moins ». Quel a été l'effet concret et immédiat de cette initiative lancée sans connaissance de la réalité ? Les conseillers ont compris le message et, pour ne pas perdre de clients, ils ont consenti de nouveaux avantages, contribuant ainsi à la détérioration du PNB.

Que tirent les conseillers commerciaux de leur pouvoir ? Une grande autonomie dans l'organisation de leur travail et même de leur vie privée. Ils peuvent tout à la fois décider de la façon dont ils gèrent les clients et sont aussi à même de faire face à telle ou telle contrainte personnelle. Qu'on ne s'y trompe pas : quelle que soit l'organisation, cette situation a une valeur considérable. Dans les centaines de cas que j'ai étudiés, la recherche, la préservation ou l'accroissement de l'autonomie sont apparus comme un des objectifs majeurs poursuivis par toutes les catégories de salariés, y compris avant la maximisation du gain monétaire.

C'est là un intéressant paradoxe, rarement compris dans les entreprises : elles sont par nature un lieu d'action collective et les acteurs qui la composent se battent pour y conquérir la plus grande autonomie possible. Faire un pas de plus amène à comprendre cet apparent paradoxe. Il a été maintes fois montré que les nouvelles formes transversales d'organisation déprotègent le travail en mettant toujours plus les salariés en général et les cadres en particulier en situation de dépendance, donc de perte d'autonomie. Dès qu'ils en ont la possibilité, ils se reconstituent des marges de manœuvre et on sait à quel point la surabondance des règles, des procédures, des définitions de fonctions et autres instruments de « coercition » leur ouvre de possibilités. Les contradictions inhérentes à leur production incontrôlée sont autant de ressources utilisées par les acteurs pour se recréer des zones de liberté.

Le directeur d'agence est-il à même d'intervenir, de contenir ou de contrôler cette autonomie et de redresser la situation telle qu'elle vient d'être décrite ? La question vaut la peine d'être discutée car elle illustre à nouveau la méconnaissance profonde des phénomènes de pouvoir qui dominent dans les entreprises : ces directeurs locaux se sont vu retirer tout portefeuille de clients afin de pouvoir pleinement se consacrer à leurs activités de management. Louable initiative mais prise en dehors de toute appréhension de la réalité. La source du pouvoir dans cette organisation, c'est l'accès au client et, au nom d'un principe abstrait, déconnecté de la situation spécifique dans laquelle il va s'appliquer, on prive de clientèle celui qui doit « manager » ceux qui justement monopolisent cette clientèle. En somme, on fait l'inverse de ce qu'il aurait sans doute fallu faire. C'est très précisément ce à quoi conduit, dans la vie au jour le jour des entreprises, la confusion entre pouvoir et hiérarchie.

Cet exemple permet de comprendre une réalité très différente de ce qu'elle devrait être en théorie et de l'image que la connaissance ordinaire nous en donne. Pour autant, l'analyse induit-elle mécaniquement les solutions ? Non sans doute. Elle permet d'énoncer des possibilités, de peser le pour et le contre et de faire des choix. Car une organisation étant un ensemble de comportements, la liberté inhérente à l'intelligence humaine[1] rend aléatoire le succès, et c'est heureux. Pour illustrer néanmoins ce qui peut être discuté à partir d'un travail de ce type, on peut poser la question qui vient tout de suite à l'esprit : faut-il enlever tout pouvoir aux conseillers commerciaux au vu de l'usage qu'ils en font ? La tentation est grande en effet, mais sans doute faut-il y résister et travailler plutôt sur un rééquilibrage des pouvoirs.

Comment redonner des marges de manœuvre au directeur d'agence ? Sans doute en lui affectant un portefeuille de clientèle issu des segments les plus élevés. Faut-il le faire brutalement en confisquant des clients aux conseillers commerciaux ? Certainement pas. Profiter de la conquête de nouveaux clients, d'un départ, d'une évolution de la structure de cette clientèle représente une solution moins conflictuelle et tout aussi efficace. On peut également initier une politique organisant la mobilité des conseillers entre les agences : elle était embryonnaire au moment de l'étude, ce qui favorisait la constitution de monopoles.

Ces derniers peuvent aussi être régulés en favorisant les échanges de clients entre les commerciaux et plus généralement les comportements collectifs. C'est une question que la plupart des banques se sont posée, pour les activités de marché en particulier. Différentes solutions sont possibles : jouer sur les critères d'éva-

1. L'intelligence humaine est une notion qui sera discutée au chapitre IV.

luation et de rémunération en est une. Même à titre provisoire, il est possible d'élargir la part variable de la rémunération en la liant à la « capacité de coopérer ». Celle-ci peut se mesurer par la proportion de son portefeuille qu'un conseiller partage avec un ou plusieurs de ses collègues ou la part de son activité qu'il gère en coopération avec d'autres. Soulignons d'ailleurs que cette idée a été évoquée par les conseillers eux-mêmes après qu'ils eurent été mis au courant des résultats de ce travail et qu'ils purent les discuter.

Mais il faut observer que le pouvoir des conseillers était largement renforcé par le fonctionnement en « tuyaux » de la direction du réseau qui, du coup, ne dirige pas grand-chose. Les directions la composant se renforceraient en adoptant également des modes de travail plus coopératifs. Ce faisant, elles réduiraient la capacité du niveau local de jouer sur la faible intégration du niveau central, ce qui est un autre « classique » de la vie des organisations. Là encore, la question du ou des leviers à utiliser pour obtenir ce changement est posée.

N'allons pas plus loin. Les difficultés de cette banque ont été depuis (en partie) résolues. L'important, c'est bien que cet exemple ait permis d'accéder à une connaissance de la réalité en utilisant la notion de pouvoir comme un « pivot » autour duquel sont venues s'ordonner les pièces du puzzle. Il a permis de comprendre qu'une organisation émerge hors de la volonté de tel ou tel acteur, de ceux qui ont la charge de la concevoir en particulier. La banque qui vient d'être étudiée, personne ne l'a donc « voulue » ainsi. La méconnaissance de quelques principes et notions simples de la vie collective – dont bien sûr la notion de pouvoir – a privé tous les acteurs et surtout les dirigeants, il faut le répéter, de la capacité de construire un ensemble tel qu'ils auraient pu le souhaiter. Est-ce grave ? À chacun de se faire son idée en essayant d'évaluer les coûts humains et financiers de ces errements. Des directeurs centraux ont été remplacés, d'autres mis à la retraite anticipée ; des directeurs d'agence ont démissionné et on peut me dire de façon laconique : « C'est la vie. » À quoi je réponds oui, mais c'est souvent la vie des autres.

CHAPITRE III

Existe-t-il un « intérêt général » ?

Lors de l'ouverture d'un séminaire phare dans une des plus prestigieuses *business schools* d'Europe, le directeur du programme accueillit les quelque cent trente participants venus du monde entier par un discours chaleureux de bienvenue. Il termina cette adresse par un vibrant appel à ce que personne – enseignants et participants – ne perde de vue le but commun et ultime autour duquel tous étaient rassemblés : la création de valeur pour l'actionnaire. Cette partie du discours provoqua bien quelques remous, mais on se sépara nantis d'une « vision » sur l'objectif du programme qui allait se dérouler sur un mois, ce qui, pour des cadres de haut niveau, représente un investissement en temps considérable. Mais puisque c'est pour l'actionnaire…

Je ne vais pas ici me lancer dans toutes les discussions complexes et sophistiquées autour de ce qu'il est convenu d'appeler la « théorie de la firme [1] ». Néanmoins, ce directeur de programme venait dans son discours de faire un choix : attribuer à l'entreprise un but unique, au service d'un acteur unique,

1. On en trouvera une présentation claire et commentée dans Benjamin Coriat et Olivier Weinstein, *Les Nouvelles Théories de l'entreprise,* Paris, LGF/Le Livre de Poche, 1995. Une version plus courte mais très utile peut être consultée dans Milan Vujisic, « L'entreprise doit-elle être gérée dans l'intérêt exclusif de l'actionnaire ? », Centre de ressources en économie-gestion (CREG), mis en ligne le 8 janvier 2006.

l'actionnaire. Cela est tout à fait conforme à ce que défend la théorie dite « classique » qui a fait et continue de faire l'objet de nombreuses critiques[1], que la « crise » ne contribue pas à modérer.

En de tout autres circonstances, je me suis trouvé dans les couloirs d'une unité production d'une grande entreprise pharmaceutique, attendant la personne que je devais interviewer. Pour faire passer le temps, j'ai lu avec attention le contenu des panneaux d'affichage. Des informations de la direction et des tracts syndicaux y figuraient côte à côte. Voisinant avec des informations données par l'entreprise sur des mouvements de personnel, une affiche syndicale protestait contre une éventuelle restructuration et le risque de suppression d'emplois qu'elle entraînait. Le texte se terminait par une phrase sans ambiguïté : « Rappelons que la fonction d'une entreprise est avant tout de protéger l'emploi de ses salariés. »

Mettant les deux affirmations en parallèle, on peut conclure sans risque qu'il y a là deux visions opposées de ce qui justifie l'existence d'une entreprise. « L'intérêt général » serait donc une notion abstraite, voire manipulatoire, défendue soit par un des acteurs qui s'attribuerait le monopole de sa définition, évidemment à son profit, soit par quelques illuminés, rêvant d'un hypothétique consensus autour d'un bien commun recueillant l'assentiment de chacun. Pourquoi pas ? Hélas, il y a longtemps déjà que l'entreprise a été décrite comme une organisation mettant aux prises des groupes aux intérêts multiples et dans laquelle les processus de décision passent par des compromis

1. La théorie dite « de l'agence » analyse les divergences d'intérêt entre les actionnaires et leurs mandataires (les dirigeants). On peut se référer à l'article qui a lancé ce mouvement : Michael C. Jensen et William H. Meckling, « Theory of firm : managerial behaviour, agency costs and ownership structure », *Journal of Financial Economics*, oct. 1976, vol. 3, nº 4, p. 305-365.

pour aboutir à des solutions acceptables par tous[1]. Une coalition politique en quelque sorte. Et, comme dans toute coalition, il faut contenir les comportements « opportunistes » de ceux qui ne jouent pas le jeu et donc réduire l'« aléa moral ». C'est le rôle qui sera dévolu au marché : il offre en effet les solutions alternatives qui permettent de remplacer les salariés aussi bien que les fournisseurs[2]. Sans ces solutions alternatives, on en arriverait à une organisation délétère. Elle fonctionnerait sur la base du minimum d'intérêt commun entre ses membres : la survie de cette organisation[3].

Ce sont là des visions réalistes et pragmatiques qui devraient permettre aux dirigeants d'organiser la négociation des compromis. C'est bien ainsi que fonctionne une entreprise comme L'Oréal et cela n'est sans doute pas pour rien dans son succès : des « structures » floues et/ou complexes, mais des « confrontations » permanentes organisées par une hiérarchie qui devra trancher faute d'accord entre les parties. À cela s'ajoutent un refus assumé des monopoles internes[4] et donc une concurrence permanente pour obtenir une décision favorable. Ce qui va permettre de l'emporter dans cette compétition interne, c'est la

1. Richard M. March et James G. Cyert, *A Behavioral Theory of the Firm*, Oxford, Wiley-Blackwell, 2e édition, 1992.

2. C'est la thèse d'Oliver Williamson qui a par ailleurs longuement développé les conditions qui rendent ces alternatives possibles. Voir *Markets and Hierarchies. Analysis and Antitrust Implications*, New York, Free Press, 1975.

Le livre étant épuisé et à ma connaissance non traduit en français, on en trouvera une analyse dans *Alternatives économiques Poche*, nº 21, nov. 2005.

3. Sur le modèle que décrit Jean Pasqualini dans son livre fascinant sur les camps de concentration en Chine, à l'époque de Mao, voir Jean Pasqualini, *Prisonnier de Mao : sept ans dans un camp de travail en Chine*, Paris, Gallimard, « Témoins », 1974.

4. Une des très rares entreprises à avoir compris que deux personnes ou deux entités qui font la même chose ne représentent pas obligatoirement un coût supplémentaire.

connaissance du marché, donc les engagements de performance que l'on est à même de prendre. Dans ce cas, l'entreprise gère elle-même la possible « tricherie » dans la négociation par un système de sanctions connu de tous.

Mais c'est une exception. Dans la vie quotidienne, les organisations développent d'autant plus une rhétorique de l'intérêt général que celui-ci devrait être indiscutable. Elles ne se demandent pas s'il existe, ni si leurs salariés sont tous attachés à le défendre. Cela explique sans doute que les débats à ce propos portent sur ce que l'entreprise pourrait faire pour l'intérêt général, celui de la société dont elle est membre et dont elle veut devenir une « citoyenne exemplaire ». On y discute fort peu en revanche de ce qu'il en est en son sein, la réponse, répétons-le, étant censée aller de soi. Et pourtant…

J'eus l'occasion, il y a longtemps, d'étudier le fonctionnement d'un certain nombre d'IME (Instituts médico-éducatifs). J'avais été frappé d'y observer une contradiction que les différents intervenants prenant en charge les enfants en difficulté vivaient très mal : tous souhaitaient élaborer collectivement un « projet d'établissement » mobilisant toutes les parties prenantes autour de l'intérêt exclusif de l'enfant, mais aucun ne parvenait à le finaliser malgré de multiples réunions et séances de travail. Le malaise provenait d'une culpabilisation devant l'impossibilité de se mettre d'accord sur cet intérêt de l'enfant qui aurait dû servir de dénominateur commun à la définition de l'intérêt général par nature indissociable de celui de l'enfant. Cela se révélait d'autant plus angoissant que l'observateur extérieur pouvait constater un dévouement sans faille de toutes les catégories de personnel. Personne ne comptait son temps ni son énergie.

Que montra l'analyse ? Dans les discussions passionnées sur le projet d'établissement, chacun essayait de dessiner ce qui devait être la priorité, dans l'intérêt de l'enfant bien sûr. Mais à y regarder de près, chaque catégorie définissait cette priorité à partir de son propre champ d'intervention : les médecins privilégiaient les soins, les éducateurs insistaient sur les activités éducatives favorisant la réinsertion future, les enseignants souhaitaient avant tout maintenir les enfants dans un processus scolaire le plus normal possible. On comprend la profondeur du malaise, chacun se rendant compte de la dimension partisane donnée par les uns et les autres à l'« intérêt de l'enfant », qui par nature aurait dû être unique et indiscutable.

Il faut cependant regarder cela avec beaucoup de prudence : cet exemple permet de dépasser les procès d'intention, les jugements négatifs ou les querelles de chapelle. Certes, pour le dire brutalement, c'est du chacun pour soi. Mais ce « chacun pour soi » n'implique en rien un désintérêt du reste, des autres et de la mission de l'institution. Chacun cherche à maximiser sa position, donc son pouvoir, mais en considérant qu'ainsi l'intérêt collectif n'en sera que mieux défendu.

À ce stade, reste à éviter une discussion parfois pénible sur la « conscience » que l'acteur a ou n'a pas de ce qu'il fait et du pourquoi il le fait. Disons-le, cette question est de peu d'intérêt. À part alimenter les querelles et créer artificiellement de la méfiance, la discussion autour de l'« intentionnalité » est une voie sans issue. Nos enfants l'ont bien compris qui, à chaque bêtise, nous répètent la même excuse : « Je ne l'ai pas fait exprès. » Mais « encore heureux », pense chacun d'entre nous ! Et de toute façon, c'est le résultat qui compte, quelles que soient les intentions qui y ont conduit. Si l'on sort de ce principe pratique et brutal, j'en conviens, on se heurte à l'évidence : chacun a toujours les meilleures intentions du monde ! Admettons donc, avec la sociologie classique, que les acteurs n'ont pas besoin de savoir pourquoi ils font quelque chose pour le faire ; que la non-conscience de ce « pourquoi » rend l'action plus aisément exécutable par l'acteur. Chacun peut affirmer que ce qu'il dit ou fait n'est dicté que par l'intérêt de l'entreprise et qu'on devrait même l'en remercier. Pourquoi en discuter ? Souvenons-nous de l'exemple des conseillers commerciaux au chapitre précédent. Qui plus est, enfin, la culpabilisation de l'acteur ne fait que le rendre amer et le conduit à des stratégies de retrait et de protection.

Qu'est-ce que le « chacun pour soi » ?

La question est donc bien : que veut dire « chacun pour soi », expression honnie dans toute collectivité. Comment un acteur en charge de cette collectivité peut-il non pas le transformer en « tous pour l'entreprise », mais l'infléchir pour que l'addition de tous les « chacun pour soi » donne le résultat espéré… espéré par un acteur qui est lui-même partisan, bien entendu. Ce faisant, se trouve posée la question de la « régulation », par opposition à l'unanimisme de façade qui règne dans les entreprises.

Pour y répondre, finissons-en d'abord avec l'individualisme de la pensée managériale. C'est un vice contre lequel il est difficile de lutter et qui relève lui aussi d'une pensée paresseuse. Il amène à s'intéresser aux comportements et problèmes individuels avant d'avoir investi dans la connaissance du modèle général. On me pardonnera cette plaisanterie, mais c'est ce que j'appelle le « syndrome de ma cousine ». Chaque fois que je mets en évidence un comportement devant un public de responsables – les phénomènes de retrait du travail par exemple –, il se trouve toujours un participant pour me dire qu'il connaît quelqu'un – sa cousine bien sûr – qui est totalement investi dans son travail. Je n'en doute pas ! Mais la cousine en question constitue une anecdote, alors que le retrait du travail des nouveaux entrants en particulier constitue un fait. La confusion entre l'anecdote et le fait est un mal endémique dont souffrent la plupart des managers, à l'image de la presse télévisuelle en particulier.

Quand nous parlons d'« acteurs », nous ne parlons donc pas spécialement d'individus. Le « chacun pour soi » ne relève pas – à toutes les exceptions près que nous connaissons mais dont il convient de se détacher – d'individus mal intentionnés, plus individualistes que les autres et adeptes d'un « après moi, le déluge » que tout le monde condamnerait avec sévérité.

Ce sont bien des acteurs collectifs – un service, une usine, un département, une catégorie – qui poursuivent un objectif qui leur est propre. Cette notion d'« objectif de l'acteur » n'induit aucun jugement moral sur ce que l'acteur cherche à atteindre. Être généreux est un objectif au même titre que s'enrichir par le vol. Agir par « intérêt » n'est en rien condamnable malgré la connotation péjorative du mot[1]. Il convient d'autant plus de le répéter que le jugement moral fait bien souvent office de grille d'analyse dans le management quotidien. Il brouille la vue et exempte celui qui l'émet de l'effort nécessaire pour sortir de la connaissance ordinaire.

Quels sont donc ces objectifs propres – et non pas individuels, redisons-le – que poursuivent les acteurs ? Ceux que leur environnement, leur contexte dirons-nous plus tard, rend atteignables. Sur ce point à nouveau le management trivial joue le rôle d'une loupe déformante : ce n'est pas l'acteur qui, *in abstracto*, décide soudain de poursuivre tel ou tel objectif. Ce sont les circonstances dans lesquelles son organisation l'a mis qui

1. On lira avec intérêt le merveilleux livre d'Albert O. Hirschman, *Les Passions et les intérêts. Justifications politiques du capitalisme avant son apogée*, Paris, PUF, 2011 [1977].

vont le pousser à tenter d'obtenir ce qu'il cherche à obtenir. La difficulté du management à accepter ce raisonnement se comprend : toute sa rhétorique valorise le volontarisme, la définition des fins avant même de savoir les moyens dont on dispose. Nous le voyons tous les jours dans la confusion véhiculée par le vocabulaire managérial entre objectif et stratégie. Un dirigeant n'hésitera pas à affirmer, le regard fixé sur la ligne bleue du marché : « Notre stratégie, c'est d'être les numéros un du secteur ! » Non, être ceci ou cela, c'est un objectif ; la stratégie, c'est comment on y parvient.

Les acteurs, en ce qui les concerne, se fixent les objectifs du possible, et ce possible, c'est l'organisation à laquelle ils appartiennent qui le détermine. Voilà qui renverse la charge de la preuve, mais qui ouvre la porte à une tout autre compréhension des comportements collectifs. Nous n'avons pas affaire à des acteurs qui tireraient d'une réflexion déconnectée de leur réalité des objectifs « sympas » à atteindre. S'ils le faisaient, sans doute n'iraient-ils pas bien loin et en resteraient-ils à une démarche velléitaire. En réalité, ils évaluent les possibilités et cherchent à atteindre ce qui est atteignable, dans le contexte dans lequel ils se trouvent, ici et maintenant.

Quelques mots sont nécessaires pour comprendre ce « ici et maintenant ». Les théories du complot jouent un grand rôle dans la vie des entreprises. Chaque catégorie perçoit les autres comme des spécialistes avérés du billard à trois ou quatre bandes. L'autre est perçu avec méfiance comme le « Kasparov » de la vie collective, ayant tout prévu et jouant avec quelques coups d'avance. Tout cela a peu à voir avec la réalité. Des études sérieuses ont montré que pour la moyenne des Européens trois mois représentent déjà le futur. Il en va de même dans l'entreprise : c'est dans la configuration immédiate que l'acteur choisit ce qu'il veut atteindre.

Du chacun pour soi à la régulation des intérêts

Le lien est ainsi clairement établi entre ce que veut l'acteur qui va déterminer sa part du « chacun pour soi » *et* le contexte que son entreprise lui a créé, volontairement ou pas. Et il en va ainsi de tous les acteurs. Ils ne sont pas égoïstes ou insensibles à un intérêt général auquel par ailleurs bien peu croient : ils alignent leurs souhaits et leurs comportements sur ce que l'organisation a induit par les décisions qu'elle a prises. On ne parle pas ici simplement des décisions qui concernent directement l'acteur en question, mais bien de toutes les décisions avec leurs effets induits.

C'est ce qui rend le management comptable de ce que font les acteurs et du pourquoi ils le font. Mais c'est aussi toute la difficulté de l'exercice. La plupart de ces décisions sont prises à partir d'un raisonnement causal qui est celui de la connaissance ordinaire : si je veux obtenir cela, je décide ceci et le seul impact sera sur l'objet visé. Le manager se vit comme le cancérologue : il tente de ne diriger les rayons que sur les cellules malades. Mais la complexité des organisations ne lui facilite pas la tâche. Les effets induits sont nombreux et d'autant plus imprévisibles que le raisonnement utilisé a tendance à les exclure. En effet, plus on raisonne de façon linéaire, unidimensionnelle et non systémique, et moins il est possible d'anticiper les effets d'une décision sur des acteurs qui ne sont, en apparence du moins, pas concernés.

À ce stade, on commence à comprendre l'impact que peut avoir un responsable sur le respect d'un intérêt général qu'il a lui-même défini ou dont d'autres lui ont confié la réalisation[1]. La

1. C'est ce que les économistes appellent la « théorie de l'agence » (voir p. 74).

conviction n'y joue qu'un faible rôle[1] car on n'entend que ce qui est audible. De ce point de vue, les « grand-messes » organisées dans des endroits de prestige ont un faible impact sur les comportements. L'information qui y est diffusée, souvent connue à l'avance, fournit parfois un élément modifiant le contexte de tel ou tel acteur, mais guère plus. La vraie question posée au responsable, celle qui fonde son succès et donc sa légitimité, c'est l'orientation de tous ces « chacun pour soi », que ses décisions ou celles de ses subordonnés ont contribué à façonner, dans le sens de cet intérêt général, beaucoup plus complexe à défendre que la rhétorique de l'unanimisme artificiel le laisserait supposer.

J'appelle cette tâche la régulation des intérêts divergents des acteurs. Un dirigeant ou une équipe de dirigeants en ont la possibilité même si ce n'est pas toujours le cas : il existe des systèmes composés d'acteurs appartenant à des entités différentes dont la modification demanderait l'intervention d'une instance supérieure. Celle-ci agirait alors sur une logique politique exigeant une très grande prudence et serait à chaque instant sous la menace de l'opposition redoutable de telle ou telle catégorie. La permanence en France du fameux « mille-feuille administratif » si coûteux pour la collectivité s'explique par l'existence d'un « système politico-administratif local ». Il est caractérisé par l'enchevêtrement des relations entre élus et fonctionnaires dont les relations « régulent » l'ensemble, en d'autres termes lui assurent son équilibre à la satisfaction de toutes les parties[2]. Modifier les équilibres d'un tel système est très ardu et nécessite la plupart du temps une situation de crise venant légitimer l'effort de transformation.

1. Nous y reviendrons plus longuement dans le chapitre suivant.
2. Michel Crozier et Jean-Claude Thoenig, « La régulation des systèmes organisés complexes : le cas du système de décision politico-administratif local en France », *Revue française de sociologie*, vol. 16, n° 1, 1975, p. 3-32.

Dans les entreprises, la situation est sans doute différente. L'obstacle à une modification des équilibres existants tient moins aux risques qu'il y aurait à le faire qu'à la méconnaissance même de cette réalité. Prenons le cas de commerciaux itinérants farouchement opposés à l'informatisation de leurs tournées. Ils vont expliquer toutes les difficultés que cela créerait et les handicaps qui en résulteraient pour leur efficacité. Leurs chefs de secteur peuvent appuyer cette position au nom de leur expérience et de leur connaissance du métier. Si le dirigeant n'est pas à même de produire en face de cette argumentation une connaissance de la réalité obscurcie par ces discours partisans, il aura bien du mal à réorienter le fonctionnement de ses forces de vente. Au contraire, une fois l'autonomie des commerciaux comprise, son importance cruciale pour cette catégorie dans l'organisation de leur vie personnelle et professionnelle, une fois mise au jour la dépendance extrême de la hiérarchie vis-à-vis de ces commerciaux, encore accrue par les critères d'évaluation auxquels elle est soumise, alors seulement s'ouvre une capacité d'action.

Dans cet exemple deux acteurs, les commerciaux et leur hiérarchie, jouent « chacun pour soi » *mais ensemble* et produisent des résultats acceptables un temps et sans doute insuffisants pour l'entreprise dans un autre contexte. De bénéfique, le « chacun pour soi » est devenu problématique, sans qu'aucun des acteurs concernés n'ait changé sa relation ou son dévouement à l'entreprise. Ce n'est donc pas la prise en compte ou non d'un hypothétique, lointain et abstrait intérêt général qui fait problème. C'est la nécessité évaluée par le dirigeant de faire plus, mieux ou différemment qui va initier l'action. Auquel cas le facteur clé de succès dans cette opération de changement sera la connaissance des équilibres qui se sont créés au fil du temps entre les forces de vente et les niveaux hiérarchiques qui les « animent », selon la délicieuse expression du vocabulaire managérial.

Faut-il pour autant ne pas expliquer aux acteurs concernés pourquoi telle ou telle décision est prise ? Au contraire ! S'il est une constante dans tout processus de changement, c'est bien celle-ci : moins les acteurs comprennent ce qu'une décision qui les affecte cherche à résoudre, à quoi elle s'attaque, plus ils auront tendance à s'opposer à cette décision. L'important ici réside dans les capacités d'action ouvertes au dirigeant par la connaissance élaborée. Celle-ci va lui permettre de faire des choix et de décider en connaissance de cause des équilibres qu'il souhaite obtenir au sein de son organisation. C'est toute la discussion sur l'intérêt général qui s'en trouve renversée et devient par là même concrète et opératoire. Il ne s'agit plus de convaincre tous les acteurs de l'existence de buts ou d'intérêts communs dont personne n'ignore qu'ils sont en fait les buts et les intérêts de l'un d'entre eux. Cette tentative ne résistera pas à la vraie vie de l'entreprise. En revanche, elle favorisera l'émergence d'un cynisme dont on sait qu'il peut se révéler au fil du temps corrosif pour toute organisation. La question est bien, pour le dirigeant, de déterminer les équilibres qu'il souhaite voir émerger. Mais il ne peut le faire de façon raisonnée et non idéologique ou manipulatoire qu'à partir d'une connaissance élaborée de l'existant et des possibilités d'action qui lui sont ouvertes. Il changera ainsi l'« équation des chacun pour soi », cherchera à obtenir celle qui lui semble convenir, sans s'attarder sur l'idée abstraite de l'existence, par nature, d'un but commun qui unirait tous les membres d'une collectivité.

Ce qui précède peut être assimilé à une définition anglo-saxonne de l'intérêt général et des moyens de l'obtenir. Je ne l'ignore pas. Sans doute me renverra-t-on à Adam Smith et sa conception de l'intérêt général comme somme des intérêts particuliers cherchant à faire entendre leurs voix jusqu'à créer des lobbies pour le faire[1]. Cela ne me choque pas, pas plus que ne me choque l'idée qu'un syndicat (que la conception française d'un intérêt général supérieur à tous les intérêts particuliers a permis d'interdire jusqu'en 1901[2]) est un « lobby » qui défend les intérêts des salariés.

Mais, à la différence d'Adam Smith et de tous ceux qui continuent à croire à la « main invisible », je ne postule pas que chaque acteur de l'entreprise, en poursuivant son intérêt spécifique, contribue sans le savoir à l'intérêt général. Je défends l'idée de la responsabilité du dirigeant dans la régulation de ces intérêts particuliers, sans jamais oublier que lui-même en représente un, celui de l'actionnaire, par rapport auquel il est capable s'il le souhaite de prendre plus ou moins de distance.

Pour être précis et éviter toute langue de bois, il est clair qu'un dirigeant cherchant à marche forcée à augmenter le cours de l'action de son entreprise parce qu'il va ainsi maximiser la rentabilité de ses « stock-options » à la veille de son départ en retraite représente un exemple (mais pas plus qu'un exemple) de la définition d'un intérêt général partisan. Mais lorsqu'un syndicat du secteur public défend bec et ongles ses avantages acquis au nom du service de l'« usager », même si ces avantages sont à l'opposé de ce que souhaiteraient lesdits usagers, il n'agit pas de façon différente. Entre les deux, seule l'idéologie est différente et on aura compris qu'elle n'est pas, tant s'en faut, mon angle d'attaque.

1. Adam Smith, *Recherche sur la nature et les causes de la richesse des nations*, Paris, Economica, 2000 (nouvelle traduction).

2. Loi Le Chapelier de 1791.

Un exemple de régulation des intérêts particuliers

Cette discussion peut être illustrée par un exemple particulièrement marquant, car il concerne une organisation ayant en charge une population « en souffrance », celle des chômeurs. Je vais m'efforcer d'analyser si les équilibres internes qui caractérisent cette organisation lui permettent de répondre à l'attente de la population – la diminution du nombre des sans-emploi – que l'on peut considérer comme l'intérêt général.

Cette organisation, appelée Service public de l'emploi (SPE), se situe dans un pays de l'Europe du Sud où le chômage a brutalement explosé suite à une détérioration profonde de l'activité économique et en particulier du secteur immobilier, jusque-là moteur d'une croissance rapide. La structure est simple et classique : une direction générale qui définit la stratégie et assure les fonctions supports, des directions régionales vers lesquelles sont décentralisées les actions opérationnelles de ces fonctions supports, des directions territoriales garantes de la cohérence des actions sur une même zone et des « bureaux locaux » qui ont été dotés de moyens conséquents pour faire face à la brutale augmentation des populations que l'organisation doit prendre en charge. En nous « promenant » dans cette organisation, nous allons retrouver beaucoup de traits déjà observés dans les chapitres précédents. C'est une façon de confirmer la récurrence des modes de fonctionnement dans le temps et dans l'espace, notée en introduction de cet ouvrage.

Premier constat lors des entretiens avec des agents du SPE : une bonne ambiance au sein des bureaux locaux sans doute favorisée par les moyens financiers et humains importants qui sont mis à la disposition de l'organisation. À cela s'ajoute sans surprise l'autonomie dont jouissent les agents à l'image de toutes les entités qui voient affluer une population importante qu'il faut en grande partie traiter par des relations de face-à-face. Tous les acteurs ont par ailleurs souligné que le maintien de cette bonne ambiance était la responsabilité principale du directeur du bureau local.

Observons de même une quasi-unanimité pour approuver le plan « SPE 2013 » lancé par la direction générale, destiné à mettre en œuvre un traitement mieux ciblé des chômeurs selon leur capacité estimée de retrouver ou non du travail par eux-mêmes. Tous au sein du SPE et dans les bureaux locaux en particulier n'ont pas la même connaissance détaillée de ce plan et n'en donnent pas la même interprétation, mais ils s'accordent à considérer qu'ils en ont anticipé la mise en place en adaptant eux-mêmes leurs pratiques.

Sans surprise, une plongée plus avant dans ces bureaux locaux permet de constater que ce sont les agents en charge du placement qui disposent de l'essentiel du pouvoir réel. Observons néanmoins la surprise du directeur général lorsque ce constat lui a été présenté et démontré. Son intuition l'amenait à penser que les directeurs des bureaux locaux étaient les acteurs les plus puissants et pouvaient d'ailleurs constituer un facteur de blocage dans la mise en œuvre de son plan. L'explication était pourtant relativement simple, même si elle ne relevait pas de la « connaissance ordinaire » : plus le chômage devient un chômage de masse – et c'est bien le cas dans ce pays – et moins il peut être traité de façon massifiée, par des procédures générales et impersonnelles. Il nécessite une action de plus en plus qualitative, spécifique à chaque cas – et à chaque entreprise pourvoyeuse d'offres comme ne cessent de le répéter la direction générale et les agents eux-mêmes. La direction entend donc laisser à ces agents le soin de déterminer de quelle catégorie relève un demandeur d'emploi.

Il y a donc entre ces acteurs qui sont aux deux extrémités de l'organisation une « alliance implicite » que chacun d'entre eux semble avoir comprise.

Or cette alliance, dont le mécanisme et les limites vont être explicités, produit un traitement des demandeurs d'emploi de qualité et de ce fait conforme à ce qui peut être considéré comme l'intérêt général. Dans cette situation en effet, l'accès au demandeur d'emploi devient d'une importance cruciale pour le succès de l'ensemble. À travers ce contact direct pourront être mises en œuvre les politiques décidées « en haut ». Or il est remarquable de constater que seuls les agents de placement ont accès aux demandeurs d'emploi : la logique administrative et bureaucratique joue à plein et veut que dès que l'on gravit un échelon on s'éloigne du « client », vécu comme une menace dans l'inconscient collectif.

Les agents se trouvent ainsi dans une vraie situation de monopole, elle-même renforcée par la responsabilité que leur confie la direction générale de classer les demandeurs d'emploi dans une des catégories définies par le plan SPE 2013. Ils ont de plus la liberté de choisir – moyennant quelques ajustements à la marge – la catégorie de chômeurs dont ils souhaitent s'occuper en même temps qu'ils doivent développer avec les entreprises une relation plus personnelle, plus dynamique et davantage tournée vers l'offre de services ne se limitant pas au placement des demandeurs d'emploi. En un mot, ils gèrent l'essentiel.

Dans l'activité quotidienne, le seul moment où un autre acteur – le directeur du bureau local ou même le directeur territorial – peut avoir accès aux chômeurs, c'est en cas d'« incident ». Dans ce cas tout le monde s'active, parfois au-delà du nécessaire, pour montrer aux agents à quel point l'organisation dans son ensemble peut se mobiliser pour les aider. Mais on comprend aussi qu'ici comme ailleurs l'« incident » est une bonne opportunité pour la hiérarchie : il permet de glaner çà et là quelques informations vivantes que tout naturellement les agents n'ont pas un intérêt évident à partager. Toujours cette protection de l'autonomie, décrite avec humour par un de ces agents :

> En tant qu'agent de placement, on se sent parfois laissé seul. Je comprends que le métier de nos encadrants est difficile. Ce n'est pas évident. Ils reçoivent les notes de la DG qu'ils nous transmettent. Mais nous, on ne peut pas faire remonter l'information. Oui… nos encadrants sont très pris, ils ont beaucoup de réunions. Ils ne sont pas très présents autour de nous. Ils n'ont pas la notion de l'opérationnalité.

Sans surprise, l'agent de placement est donc libre de choisir la façon dont il va s'occuper du demandeur d'emploi, au-delà de la catégorie dans laquelle ce dernier aura été classé. Cela peut aller des modalités les plus routinières – on propose des offres en fonction des activités dominantes sur le secteur dans lequel on opère – à des comportements très proactifs si le demandeur d'emploi est jugé « intéressant ». Dans ce cas, on se renseigne, on fait des recherches pour proposer des solutions originales.

C'est une situation de travail très favorable, qui n'a bien sûr été décidée – au sens du management volontariste – par personne mais qui à la fois satisfait ceux qui traitent les demandeurs d'emploi et ces derniers dont on s'occupe d'autant mieux que l'absence de réclamations ou de conflits est une condition du maintien de l'autonomie. Nous avons donc là un exemple de « régulation » des « chacun pour soi » dont on peut estimer qu'elle produit des effets bénéfiques pour la collectivité.

La poursuite du voyage dans cette organisation confirme cette première analyse : les agents sont très réticents à envisager de « monter » dans la hiérarchie. Leur sort leur convient, y compris en ce qui concerne la rémunération qui n'est que très rarement évoquée dans les entretiens. Cela permet de montrer aux tenants de l'approche mécaniste – on joue exclusivement sur la rémunération pour obtenir les comportements souhaités – que les choses ne sont pas si simples. Dans le cas ici étudié, l'arbitrage effectué par les agents l'est en fonction de la valeur qu'ils attachent à l'autonomie, bien plus importante qu'une éventuelle promotion accompagnée d'une rémunération supérieure. Comme le dit l'un d'eux :

> Je n'aimerais pas devenir chef d'équipe. Je préfère me perfectionner dans mon poste… Manager… on me l'a proposé mais ça ne m'intéresse pas. Il faut être autoritaire, trancher sur tout… non.

On comprend pourquoi ces agents sont très critiques sur la batterie d'indicateurs que la direction précédente avait essayé de leur imposer. Ils définissent leur travail comme « qualitatif » – et c'est bien ce que la nouvelle direction leur demande –, alors que les indicateurs en question sont « quantitatifs » et, comme toujours, bien plus tournés vers les moyens que vers les résultats. À nouveau, l'alliance entre la base – en recherche d'autonomie – et le sommet – en recherche de résultats – saute aux yeux. Chacun connaît et reconnaît l'importance de ce qui s'échange dans la relation de face-à-face avec le demandeur d'emploi, même si les agents sont les seuls à contrôler ce face-à-face. Seule une vision abstraite, idéologique ou craintive du management amènerait à vouloir remettre en cause cet équilibre via la multiplication des indicateurs. Comme l'observe un agent :

> Nos indicateurs seraient sans doute bien adaptés pour des produits. Mais nous, on est dans autre chose. Avec nos indicateurs, ce n'est pas la qualité de notre travail qui ressort. On peut envoyer n'importe quelle offre et l'indicateur dira que c'est bon puisque c'est une offre ! On est dans le quantitatif alors que nous, on a besoin de qualitatif.

Aucune naïveté n'est permise sur ce qui vient d'être dit : l'opposition quantitatif/qualitatif est récurrente, surtout dans les organisations devant faire face à des situations difficiles et spécifiques. Mais dans le cas qui nous occupe, il est remarquable que les agents militent pour des indicateurs tournés vers les résultats et donc le seul qui compte pour la collectivité : le retour à l'emploi. En soulignant à quel point il est néanmoins difficile à mesurer[1], ils font passer à l'ensemble de la hiérarchie un message clair : il n'y a pas de bons indicateurs, donc faites-nous confiance.

Les conditions d'une « régulation positive »

La « régulation positive » qui vient d'être mise en évidence pourrait être perturbée par les stratégies divergentes d'autres acteurs. Dans la réalité, on observe l'inverse : le pouvoir des agents est à ce point perçu comme indiscutable et essentiel à la réussite d'une mission exceptionnelle compte tenu du niveau atteint par le chômage dans le pays, que chaque échelon hiérarchique se fixe comme mission de mettre ces agents dans la situation la plus favorable possible. Cela nous ramène à une remarque faite dans la première partie de ce chapitre : les acteurs se fixent les objectifs du possible. C'est donc un « cercle vertueux » qui a émergé de lui-même : la détérioration brutale et massive de la situation de l'emploi a mis les agents en situation de pouvoir quasi exclusif à défaut d'absolu ; cette situation s'est révélée cohérente avec les souhaits de la direction générale, et le reste de

1. Un demandeur d'emploi qui trouve un travail ne le signale pas souvent au bureau local. Et même s'il le fait, il n'indique pas par quel circuit sa recherche a abouti.

l'organisation en a pris acte en jouant « avec » plutôt que « contre », chacun ayant anticipé que cette dernière stratégie avait des chances d'être suicidaire. Situation transitoire sans doute, car au moment où s'effectue l'observation on ne repère aucune contrepartie en termes de « rituels managériaux », entretiens d'évaluation par exemple. Aucun agent ne les a évoqués en décrivant ses relations avec les autres acteurs du bureau local. Un chef d'équipe, le seul rappelons-le en contact direct avec les agents, décrit ainsi ce qui semble être la situation la plus répandue :

> Les agents attendent de moi que je leur donne des orientations fiables et pas trop changeantes. Ils n'aiment pas les changements d'orientation. Ils trouvent qu'il y en a trop. Je dois les protéger à la fois face à l'agressivité des demandeurs d'emploi et contre la course aux indicateurs. Ils sont lassés par ça. C'est tellement à la marge de leur activité ! La quantification permanente produit de la lassitude. Moi je suis content quand ils me font part oralement de leurs résultats qualitatifs.

Ces chefs d'équipe sont donc en situation de « hiérarchie inversée » : ils dépendent bien davantage des conseillers que les conseillers ne dépendent d'eux. Face à cela, ils sont démunis. Ils ne gèrent directement aucun chômeur, ce qui – comme cela a été observé par ailleurs – les prive de toute légitimité pour exercer une autorité hiérarchique. Faute de mieux, ils développent donc une stratégie d'« accentuation[1] » : ils « collent » au discours des agents et parfois l'amplifient. Ils sont leur porte-parole bien plus

1. Une situation tout à fait identique avait été analysée par Claude Durand et Alain Touraine dans les ateliers de la régie Renault : devant la syndicalisation importante de la population ouvrière, ils avaient identifié deux stratégies possibles pour la maîtrise : la différenciation ou l'accentuation. Voir Claude Durand et Alain Touraine, « Le rôle compensateur des agents de maîtrise », *Sociologie du travail*, avril-juin 1970, p. 113-139.

que ceux de l'institution. En un mot, ils n'ont pas la distance nécessaire pour compenser les comportements de ceux dont ils ont la charge et on a compris que, dans l'immédiat au moins, ce n'est pas un problème.

Plus on monte dans la hiérarchie et plus la distance vis-à-vis des agents, donc des demandeurs d'emploi, s'accroît. Sans surprise, cette distance est d'autant plus accentuée que le bureau local est important : un adjoint au directeur dans un bureau important n'a à peu près aucun contact avec les agents et admet sans difficulté ignorer l'essentiel de la réalité de leur travail. Il en résulte une communication très formelle à travers des réunions routinières dans lesquelles peu de choses s'échangent. Dans ce contexte, le directeur du bureau local est lui-même relativement démuni. Ce n'est pas sa personnalité et encore moins sa « motivation » qui sont en cause : tous font preuve d'enthousiasme et de dynamisme, en particulier dans les relations extérieures nombreuses que le bureau doit entretenir avec ses partenaires locaux. Mais « à l'intérieur », ils évoluent dans un système qui leur confère peu de pouvoir, sauf à se « mettre à dos » les agents dont dépendent étroitement leurs propres résultats. Les agents en font le constat sans détours, ce qui confirme l'accord tacite au sein du bureau sur le fonctionnement actuel. On comprend dès lors la « bonne ambiance » observée dès le départ. L'un de ces agents nous dit :

> Le rôle du directeur d'agence est assez large. Il vérifie que l'on fait bien les objectifs de l'agence. Et puis il est là pour développer l'image du SPE et aussi pour nous appuyer quand on veut mettre en place une nouvelle idée.

Les seuls qui témoignent d'un malaise sont, sans surprise, les niveaux intermédiaires (région et territoire). Coincés au milieu de l'alliance dominante entre les deux extrêmes, ils ont beaucoup de difficultés à se situer et se révèlent très hésitants quand il s'agit de définir leur rôle. L'un d'entre eux décrit ainsi son activité :

> Moi, je veille au déploiement des projets. Mes adjoints aident les directeurs des bureaux locaux à prendre du recul et à mettre en place des plans d'action efficaces. Ils sont très en contact avec eux. Mais j'ai très peu de contacts avec les agents eux-mêmes. Il est vrai que je ne vais pas souvent dans les bureaux. J'y vais tous les deux mois environ et encore, quand il y a une situation de crise et qu'on fait appel à moi.

La suite pourrait s'écrire toute seule tant elle correspond à une situation maintes fois décrite, toujours répétée et rarement comprise : des acteurs exclus d'un jeu dominant dans une organisation se réfugient dans la bureaucratie. Celle-ci prend généralement deux formes que l'on retrouve dans le cas étudié : la multiplication des réunions et la production bureaucratique de normes, de règles et de procédures. Les réunions sont un effort, vain la plupart du temps, pour capter de l'information. On y parle beaucoup mais on ne s'y dit pas grand-chose, comme cela a été observé à de multiples reprises. Elles ont au moins une vertu : leur comptabilité sert d'indicateur d'activité pour les acteurs marginalisés. Quant à la production de règles, elle n'aboutit pas à grand-chose face à l'entente au niveau local pour en atténuer la portée, voire en différer l'application *ad vitam aeternam* avec la bénédiction du niveau central.

Les conditions du succès

Cet exemple décrit un succès. Au moment où ces lignes sont écrites, la décrue du chômage s'est amorcée dans le pays considéré. Certes, elle est en majeure partie due à une reprise économique rendue possible par l'environnement d'une part et par une politique particulièrement rigoureuse d'autre part. Il n'en demeure pas moins que cet organisme fonctionne à la satisfaction du plus grand nombre, ceux qui y font appel comme ceux qui y travaillent. Si l'on portait un jugement moral – et uniquement moral –, on dirait que les agents comme la direction générale avaient une conscience claire du drame du chômage et des devoirs que cela impliquait pour eux. Cela ne fait pas de doute dans ce pays, pas plus que dans les autres où la lutte contre ce fléau ne produit pourtant pas d'aussi bons résultats. Ce n'est donc pas l'« intentionnalité » qui permet d'interpréter ce succès. Ce n'est pas non plus la « motivation » ni le sens de l'intérêt général qui font la différence, pas plus que la renonciation à la poursuite de son propre intérêt pour rendre possible l'accomplissement d'une mission cruciale pour la collectivité. C'est l'ajustement entre les stratégies de deux acteurs qui conduit à ce résultat. Il est rendu possible par une direction générale capable de penser en dehors des modèles managériaux dominants.

Ceux-ci indiqueraient sans doute qu'il faut « serrer les boulons » face à une situation aussi détériorée ; que gérer autant de monde demande des procédures précises dont la stricte application doit être vérifiée à plusieurs reprises par les différents niveaux ; qu'il faut s'assurer que chaque demandeur est traité équitablement sans favoritisme ni exclusive ; qu'il est enfin nécessaire d'avoir des indicateurs fiables qui permettent au jour le jour de suivre les résultats obtenus. Tout cela fleure bon la bureaucratie managériale à défaut de produire de l'efficacité.

Consciemment ou pas – et peu importe –, la direction générale a pris une autre direction. Elle ne l'a d'ailleurs pas comprise dans sa subtilité : au début du travail, le directeur général nous a dit avoir donné toutes les responsabilités aux directeurs des bureaux locaux. Il en a conclu que sa stratégie avait été gagnante. Nous avons vu que la réalité est sensiblement différente : en transférant le pouvoir à ces directeurs locaux, il l'a en fait donné aux agents qui contrôlent l'essentiel, la relation aux demandeurs d'emploi. Pour le dire autrement, le niveau central a eu à la fois l'intuition juste que la situation ne pouvait se gérer qu'au plus près du problème et en même temps a considéré le bureau local comme une « boîte noire » sur laquelle il n'y avait pas lieu de se pencher plus avant. Sans doute pensait-on en haut lieu que cette boîte fonctionnait selon les principes énoncés par sa structure officielle.

Pas du tout, en réalité : en de tout autres circonstances, l'extrême autonomie des agents aurait pu se révéler très pénalisante. Elle s'est ici avérée être un formidable atout. Personne n'était en mesure de « peser » sur des agents qui jouaient d'autant plus le jeu d'un traitement efficace des chômeurs qu'ils renforçaient ainsi cette si précieuse autonomie. Alliance à deux, ai-je écrit plus haut. Non, alliance à trois dans la mesure où la satisfaction – si on peut s'exprimer ainsi – du demandeur d'emploi constituait la condition pour que ce système se pérennise.

À ce stade, je me suis contenté d'une expression aussi vague que frappante : le « chacun pour soi ». J'ai voulu ainsi montrer que ce comportement, sévèrement condamné par la rhétorique unanimiste en vigueur dans les entreprises, pouvait néanmoins conduire à d'excellents résultats dès lors qu'il était correctement orienté, régulé étant le mot exact. Reste que je n'en ai pas approfondi le « mécanisme », et j'ai évité la question centrale : pourquoi dans les organisations les acteurs font-ils ce qu'ils font ? La discussion sur la notion floue de « valeurs » va permettre de répondre à cette question. Qu'on me permette de dire en avant-propos qu'elle devrait être, pour tout responsable, la première question à se poser.

CHAPITRE IV

Les valeurs ont-elles de la valeur ?

Depuis une bonne vingtaine d'années, le discours sur les valeurs envahit le monde de l'entreprise comme celui de la politique. Dans ce dernier, on est épuisé d'entendre en appeler aux « valeurs républicaines », à celles de la démocratie ou à celles de la France. Chacun veut respecter ses valeurs propres, celles qui « fondent » son parti, celles que nous ont laissées le général de Gaulle et avant lui Jean Jaurès, Léon Blum, Pierre Mendès France et j'en oublie sans doute. Plus la société se divise et s'affronte, plus elle devrait se rassembler autour de valeurs communes. Devant ce déferlement, on n'est pas loin de penser que plus le « sens » fait défaut – celui qui fonde la vie en commun, qui conduit au consentement à l'impôt, qui reconnaît la nation comme le bien de tous – et plus il faut rappeler ce qu'un pays a en commun, même si les citoyens ont parfois bien du mal à matérialiser ce dont il s'agit et comment cela se traduit dans leur vie quotidienne.

Dans l'entreprise, le mouvement est identique. La nécessité d'avoir des valeurs, de les diffuser le plus largement possible et de s'assurer qu'elles sont comprises et appliquées est apparue à peu près à la même époque sur l'agenda des dirigeants. Les ressources humaines et parfois les directions de la communication se sont retrouvées en première ligne pour élaborer et diffuser ces valeurs. Nous verrons plus loin que le choix de celui à qui est confiée cette mission a non seulement entraîné des luttes de pouvoir sévères, mais a eu des conséquences certaines sur la crédibilité de ce qui en est sorti.

Ce déferlement peut aisément se vérifier sur la Toile : pas une entreprise qui n'y fasse figurer ses valeurs. C'est devenu un facteur de différenciation (bien peu en vérité) et un argument pour attirer clients et collaborateurs de qualité. Pour le dire avec humour, les valeurs font partie de la « proposition de valeur » de l'entreprise. Voici l'exemple de l'une d'entre elles, remarquable de par ses résultats, bien implantée sur tous les continents, bref, un de nos « fleurons », diraient les politiques. Il s'agit de Thales. On trouve sur le site de cette entreprise une définition des valeurs formulée ainsi : « Thales est riche d'une grande diversité professionnelle, culturelle et géographique. Nos collaborateurs sont liés par *quatre valeurs* qui font partie intégrante de notre culture d'entreprise. Elles reflètent qui nous sommes collectivement, ce en quoi nous croyons et ce qui est important pour nous. »

Suit alors l'énoncé de ces valeurs, toutes accompagnées d'une brève explication : être à l'écoute des clients ; en équipe améliorer notre performance ; innover ; développer nos talents. On voit qu'ici valeurs et culture d'entreprise sont confondues alors que cette dernière est généralement plus tournée vers les aspects financiers et les résultats. Ce n'est pas la seule confusion : parfois se substituent aux valeurs des « principes de management[1] », mais parfois aussi les deux coexistent et créent un « effet de halo » pour ceux qui s'y intéressent et essaient de comprendre. On entre alors dans des débats compliqués sur la différence entre les deux, sur ce que l'un apporte à l'autre, débats que ne désavouerait pas une assemblée d'intellectuels discutant avec passion d'un nouveau concept. Ça n'a pas grand intérêt.

1. C'est le cas de Goldman Sachs. Ce sont les « *management principals* » ou le « *management way* ».

Comment définir les valeurs et quelles sont-elles ?

Ce qui en a en revanche, c'est d'écouter comment les spécialistes de cette question définissent ce que sont les valeurs et d'observer celles qui sont les plus répandues dans les entreprises. La réponse à la première question permettra de mettre au jour, au fil de ces pages, les failles béantes de raisonnement qui conduisent à l'échec du « gouvernement par les valeurs » ; la seconde question nous amènera à comprendre ce qu'elles représentent réellement pour les dirigeants, qu'ils en aient clairement conscience ou pas.

Le *business dictionary.com* définit ainsi les valeurs :

> Les philosophies opératoires ou les principes qui guident les conduites à l'intérieur d'une organisation, ainsi que les relations avec ses clients, collègues et actionnaires. Les valeurs clés sont généralement résumées dans une « *mission statement* » (définition de la mission que se donne l'entreprise) ou directement par l'affirmation par la compagnie de ses valeurs fondamentales[1].

Ce à quoi Ray B. Williams répond :

> La plupart des compagnies ont des valeurs d'entreprise explicites incluant des notions définissant une culture forte et positive. Elles sont souvent formalisées dans des « *mission statements* », des slogans et des actions marketing de promotion. Le problème, c'est que la plupart de ces prétendues valeurs ne sont en rien des valeurs. Elles sont à peine plus qu'une compilation de platitudes et de mots d'ordre[2].

1. *Business dictionary.com*, copyright 2010. (Traduit par l'auteur.)
2. Ray B. Williams, « What do corporate values really mean ? », *Wired for Success*, 7 février 2010. (Traduit par l'auteur.)

Le jugement est sévère mais réaliste. Il traduit le faible ancrage de ces slogans dans la réalité des salariés, supposés se comporter selon leurs prescriptions. Il explique par là même le désintérêt de ces salariés pour ce qui est perçu comme de la propagande, de la manipulation et parfois une atteinte à leur conscience et donc à leur liberté individuelle.

Une étude a été menée pour tenter d'identifier les *corporate values* les plus répandues dans les pays européens[1]. En se centrant sur le cas français, on comprend le peu d'enthousiasme qu'elles suscitent. Elles témoignent, pour la plupart d'entre elles, d'une profonde ignorance de la réalité du travail, de ce que vivent les salariés et des difficultés qu'ils affrontent. Elles font passer un message d'une distance étonnante entre la vie quotidienne et ses soubresauts et un monde idéal, une société rêvée, que l'entreprise souhaiterait proposer à ses salariés. De ce point de vue, elles peuvent se révéler contre-productives et amener ces salariés à considérer que ceux qui les gouvernent ignorent tout de leur réalité ou ne s'en préoccupent guère. La réponse qu'ils apporteront alors sera à la mesure de l'indifférence ou de la déception ressenties : le cynisme, parfois dévastateur, face à des mots que l'on sait n'être que des mots, qui minent la confiance en ces dirigeants s'affairant et discourant sur des « slogans abstraits », loin de leur réalité quotidienne.

Prenons maintenant quelques valeurs dominantes dans les entreprises françaises. Elles devraient induire les comportements quotidiens que les dirigeants, qui ont avalisé, expliqué et promu ces valeurs, souhaiteraient voir adoptés par leurs salariés. On verra tout de suite pourquoi elles entraînent tant de critiques ou de désintérêt de la part de ces salariés : elles touchent à des aspects

1. « 10 valeurs essentielles : les incohérences de l'entreprise française », *Courrier Cadre*, n° 36, 2010. Étude menée par l'agence Welcom.

sensibles de la vie au travail, parfois porteurs de souffrance. On est alors sidéré de voir des dirigeants les « proposer » comme valeurs communes sans se soucier davantage des conséquences concrètes de leur mise en œuvre. Jamais sans doute la preuve de la méconnaissance de la réalité par ces dirigeants ne fut à ce point tangible. Jamais sans doute les effets « boomerang » de ces proclamations n'ont été aussi peu anticipés.

La première d'entre elles est l'innovation, et les auteurs de l'étude montrent qu'il en est de même dans toute l'Europe. On le comprend, dans la mesure où l'innovation permet d'acquérir des avantages décisifs dans des économies de plus en plus concurrentielles. Mais chaque salarié, cadre en particulier, comprend la profonde contradiction entre faire de l'innovation la mère de toutes les vertus et édicter toujours plus de règles et de procédures. Celles-ci enserrent les comportements dans un carcan de plus en plus strict, contradictoire avec les marges de manœuvre nécessaires à la créativité individuelle et collective. Elles interdisent donc le « changement permanent » dont Joseph Schumpeter s'est fait le prophète en le décrivant, à l'instar de la déviance, comme une des conditions de l'innovation en particulier et de l'initiative en général[1].

J'ai, pour ma part, été frappé par l'incompréhension dont témoignent les dirigeants face à ce dilemme qu'ils appréhendent difficilement. Les expressions populaires diraient « qu'ils veulent le beurre et l'argent du beurre » ou « qu'ils ne veulent pas se lâcher des mains sans se tenir des pieds ». Il faudrait à la fois maintenir un contrôle strict sur les activités de chacun, par ailleurs davantage axé sur le comment que sur le résultat, *et* obtenir en même temps de ces victimes de la coercition rampante initiative

1. Voir la remarquable analyse faite par Thomas K. McCraw, *Prophet of Innovation : Joseph Schumpeter and Creative Destruction*, Cambridge, Harvard University Press, 2009.

et capacité de penser en dehors des cadres établis. Que la façon dont ces deux dimensions se percutent n'ait été ni anticipée ni comprise, et donc gérée, dévalorise tout le mot « valeur » et amène à questionner la volonté réelle d'innover. Quant à nous, nous commençons à comprendre qu'une valeur qui entre en contradiction avec les pratiques effectives de l'entreprise qui la fait sienne ne génère rien de concret du point de vue des comportements. Tout juste renforce-t-elle un cynisme corrosif qui affleure de lui-même dès que le management confond réalité et idéologie.

En numéro deux apparaît l'« esprit d'équipe ». La formulation elle-même prête à sourire. Qu'est-ce que l'« esprit d'équipe » ? Une qualité individuelle que les uns auraient et les autres pas ? Et si on ne l'a pas, comment s'acquiert-elle ? Par de la formation ? Je n'ai jamais rien vu de tel dans les programmes... Soyons sérieux : derrière cette formule, référence implicite au sport[1], se trouve posée la question de la coopération. Il a été noté plus haut que ce n'est pas une fausse question. C'est bien de la capacité à travailler ensemble que va dépendre la qualité fournie au client ainsi que le coût des biens et des services mis sur le marché.

Mais cette coopération n'est pas gratuite pour les salariés : elle leur fait perdre les protections traditionnelles du travail en silos, de l'autonomie, de la non-dépendance, de l'absence de confrontation tant avec le client qu'avec les collègues. Elle en met certains dans la situation du chef de projet décrite au chapitre II et, quelle qu'en soit l'intensité, elle est génératrice de souffrance. Il est remarquable – mais bien plus encore inquiétant –

1. Cela explique pourquoi tant de sportifs sont conviés, en marge des séminaires de dirigeants, à expliquer la solidarité nécessaire à la victoire et comment elle s'obtient. On voit ainsi des Comex entiers simuler une mêlée de rugby. Mais comme l'avait étudié l'armée américaine en son temps, l'amitié dans une caserne ne se reproduit pas toujours au combat.

que les dirigeants n'aient jamais compris les effets induits par ce qu'ils appellent le « travail en équipe ». La distorsion entre l'aspect enthousiasmant et dynamique du vocabulaire utilisé et les effets concrets du travail collaboratif est une caractéristique du désintérêt des responsables pour la « vraie vie » dans leurs entreprises. Ils ne la découvrent que par le drame. Jusque-là, ils se contentent de mettre en cause le peu d'appétence des salariés pour le travail collectif, comme si les dirigeants, eux, pratiquaient la coopération sans y penser tant ils l'ont dans leurs « gènes ».

À peine une entreprise s'est-elle donné des valeurs ou a-t-elle mis au point son *management way* que la première réaction des salariés, en tête desquels se trouvent les cadres, est de questionner le comportement des dirigeants eux-mêmes et de réclamer l'exemplarité[1]. On le comprend : les équipes de direction sont traversées des mêmes tendances à l'autonomie et à la protection que le reste des salariés. Elles consacrent d'ailleurs à leur propre fonctionnement de longues séances de réflexion, des « mises au vert », sans que, à ma connaissance, les résultats soient probants. Il faut dire qu'elles ne cherchent que très rarement à comprendre ce qui rend leur propre travail collectif difficile et se réfugient dans des explications psychologiques culpabilisantes.

À cela s'ajoute la question de la cohérence : passer des silos protecteurs à la transversalité exigeante nécessite une grande cohérence entre ce qui est attendu des collaborateurs et la façon dont ils sont gérés, rémunérés ou promus. Si la prédication est contradictoire avec les « systèmes RH », le salarié oubliera le discours pour ne s'intéresser qu'à la réalité de son sort. Je vais y revenir. À ce stade, on peut conclure que c'est une grande facilité que s'offrent les dirigeants : ils peuvent « proclamer » ce

1. « *Walk the talk* », dit-on dans la novlangue managériale. On peut traduire par « Fais ce que tu dis ».

qu'il y a lieu de faire, comment il serait bon que chacun se comporte, sans se soucier ni des conséquences pour ceux auxquels ils s'adressent, ni de ce qui le rend possible. À se demander si l'inculture ne serait pas protectrice.

En troisième position des valeurs les plus répandues, on trouve l'« intégrité » que les auteurs de l'étude assimilent à la loyauté et à l'engagement. J'aurais pour ma part supposé qu'elle arrivait en tête du classement tant les entreprises sont à la recherche de ce fameux « engagement » de leurs salariés, c'est-à-dire le fait qu'ils acceptent de mettre dans leur travail plus qu'il n'est écrit dans leur contrat. Ce « plus » indéfinissable permet de construire une performance à la hauteur de la compétition dans laquelle l'entreprise est engagée. Son obtention est donc cruciale mais se heurte à l'évolution du travail depuis une quarantaine d'années.

Je ne reprendrai pas ici l'analyse détaillée de cette évolution que tant d'auteurs ont si bien décrite[1]. Durant la période dite des Trente Glorieuses, un *deal* implicite unissait les entreprises et leurs salariés. Les premières ont permis aux seconds de travailler dans des organisations protectrices. Il ne s'agit pas ici de la garantie de l'emploi, mais bien de modes de fonctionnement assurant à la fois autonomie et distance par rapport au client. Ce dernier constitue, avec les autres membres de l'organisation, les deux menaces susceptibles d'engendrer de la souffrance au travail, je n'y reviens pas. En contrepartie, les salariés ont apporté à leur entreprise fidélité et engagement. Le passage à d'autres formes de travail, transversal en particulier, a rompu ce *deal*, les entreprises ne parvenant plus à maintenir la protection qu'elles

1. On citera par exemple Christophe Dejours, *Travail, usure mentale*, Paris, Bayard, édition revue et augmentée, 2008 ; Philippe Askenazy, *Les Désordres du travail. Enquête sur le nouveau productivisme*, Paris, éd. du Seuil, « La République des idées », 2004.

offraient jusque-là. Les salariés en ont tiré les conséquences. Ils ont à leur tour remis en cause ce qu'ils avaient mis dans la balance de l'accord : l'engagement au travail.

On comprend ainsi à la fois que le désengagement du travail[1] soit devenu une préoccupation majeure des entreprises et qu'elles fassent de l'engagement une de leurs valeurs phares. Encore faudrait-il avoir fait une analyse sérieuse des causes de ce phénomène et travailler sur un nouveau *deal* à proposer aux salariés. On doit à la vérité de dire que certaines d'entre elles s'y sont attelées[2]. Elles ont travaillé sur l'« employabilité », qui certes relève de l'emploi plus que du travail. À tout le moins cela permet-il de proposer quelque chose ayant une valeur réelle. Mais globalement, elles ont peu réfléchi à ce qui peut conduire les salariés à arbitrer en faveur de l'investissement au travail. Plus grave encore, un regard systémique sur les pratiques dominantes permet d'identifier des tendances lourdes allant à l'encontre de cet objectif. Avoir répondu à ce déficit d'engagement par la coercition n'a fait qu'ajouter au malaise, chacun peut le comprendre[3]. Indicateurs de performance, systèmes de *reporting* débridés et procédures toujours plus contraignantes ont été interprétés par les salariés comme des marques de non-confiance, et il est bien difficile de s'engager pour une entreprise qui ne vous fait pas confiance.

Là encore, le raisonnement segmenté qui sévit dans l'entreprise fait des ravages : au milieu des idées virevoltantes proposées par

1. On ne parle pas ici d'un moindre investissement en temps, même si les statistiques de l'OCDE montrent que la durée moyenne du travail diminue pour toutes les catégories de salariés, dans la quasi-totalité des pays membres. Ce qui est en cause, c'est le retrait « émotionnel », qui concerne ce que l'on met de soi-même dans le travail, au-delà de la définition officielle de la tâche à accomplir.
2. C'est le cas de Décathlon par exemple.
3. Ce point sera plus amplement développé au chapitre VII.

les uns et les autres, dans ce concours Lépine de la proposition la plus astucieuse et la plus *up to date*, qui se soucie de l'impact de l'une sur l'autre ? Qui raisonne en termes d'effets induits ? La segmentation des fonctions de direction est l'obstacle majeur à la prise en compte de la complexité des organisations : j'ai eu à étudier pourquoi une catégorie de salariés se dérobait face à des clients avec lesquels ils étaient les seuls à être en contact. L'étude effectuée a rapidement montré l'impact sur ce comportement de la rétention d'informations pratiquée par un autre département. Le problème, le vrai, était donc là. Il me fut répondu que j'étais missionné pour travailler sur la première catégorie, pas sur ce département dont on s'occuperait plus tard. Fermez le ban. Or c'est bien dans ce cadre intellectuel qu'est abordée la question de l'engagement. Son élévation au rang de « valeur » a peu de chances de produire le moindre effet.

Que dire alors du « respect » qui arrive en quatrième position et par lequel va se terminer cette revue ? Cette notion générique peut recouvrir de nombreuses possibilités : respect vis-à-vis des pairs, de la hiérarchie, des différences, des salariés, des autres d'une façon générale. Pour être plus précis, la question hiérarchique n'est sans doute pas la plus importante : l'américanisation des usages a rendu les relations entre supérieurs et subordonnés plus souples, plus ouvertes et plus directes, au moins en apparence. Demeurent cependant des lieux dans lesquels la brutalité est la règle dès lors que ce qui est exigé ne souffre pas la discussion ou procède de la nécessité du « marché ». J'ai connu une entreprise dans laquelle il n'était pas de mise de se dire bonjour au début d'une réunion, ce geste étant considéré comme une perte de temps. C'est la même entreprise dont le président affirmait sans hésitation que la formation devait relever de la propagande. Anecdote me dira-t-on…

Ce qui semble plus justifié, c'est l'appel au respect entre collègues. Cela a été dit et redit au long des pages qui précèdent, les changements d'organisation du travail ont mécaniquement produit de la conflictualité. L'impossibilité d'externaliser sur le client le coût de la bonne entente a introduit le conflit d'intérêts comme mode dominant des relations interpersonnelles. À quoi s'est ajoutée une concurrence exacerbée par des modes d'évaluation toujours plus individualisés. En somme, l'appel au respect est un appel au calme. Mais, toutes choses égales par ailleurs, il a bien peu de chances d'être entendu. Il est inhérent aux modalités de travail et d'évaluation de ce travail. Face à cela, peu nombreux sont les dirigeants à s'être demandé si la brutalité induite par la nécessité de coopérer ne pouvait pas être « tournée » par d'autres façons d'organiser une activité collective : laisser à ceux qui y sont impliqués le soin de fixer leurs propres règles du jeu ; leur donner la possibilité d'exclure du groupe ceux qui ne respectent pas ces accords implicites ou explicites ; favoriser la cooptation sans s'embarrasser des hiérarchies et des territoires. Bref, des possibilités existent, mais elles demandent une grande capacité à accepter de ne pas tout contrôler ou, si l'on préfère, à faire confiance. C'est donc le dirigeant qui peut créer les conditions du respect entre les acteurs, même si chacun comprend qu'il est plus aisé et moins risqué d'en faire une valeur qu'il appartiendra à chacun de respecter en fonction de sa bonne volonté.

Essai d'interprétation de la rhétorique sur les valeurs

Ce rapide voyage au sein des valeurs dominantes dans les entreprises permet de comprendre la difficulté que rencontrent les dirigeants à les transformer en comportements effectifs. Une étude menée par deux chercheurs de la California State University concluait avec une certaine naïveté à la nécessité d'appropriation de ces valeurs par les salariés pour qu'elles deviennent effectives[1]. Certes, mais cela supposerait que ceux qui les émettent comprennent les problèmes concrets que chacune d'entre elles soulève. Cela éviterait de laisser leur mise en œuvre au bon vouloir des intéressés donc, pour le dire brutalement, de donner le sentiment de se défausser sur les autres de sa complexité. Encore faudrait-il avoir les outils intellectuels qui permettent ce cheminement et/ou la volonté de les utiliser. C'est bien ce que questionne cet ouvrage.

Une autre interprétation – non contradictoire avec la précédente – peut amener à considérer que les valeurs ont une fonction compensatoire de la perte de sens qui mine les entreprises, depuis que leur actionnariat est devenu lointain et imprévisible. C'est ce que suggèrent Collins et Porras dans leur best-seller *Built to Last*[2] : ils notent que les entreprises visionnaires qui connaissent le succès depuis plusieurs décennies sont guidées par une idéologie – ici assimilée aux valeurs – incluant une motivation qui va au-delà du gain monétaire. Voilà du pur jargon managérial ! Néanmoins le constat de la perte de sens est bien réel : interrogés sur ce qu'ils aimeraient faire s'ils étaient libres de choisir leur activité, les cadres dans leur grande majorité se prononcent pour un travail dans une organisation humanitaire. Effectivement, dans ce cas la question du « *sense of purpose*[3] » chère à Collins et Porras ne se pose pas.

1. Edward J. Giblin et Linda E. Amuso, « Putting meaning into corporate value », *Business Forum*, 22, n° 1, 1997.

2. Jim Collins et Jerry I. Porras, *Built to Last : Successful Habits of Visionary Companies*, Harper Collins Publisher, 1990 (3e éd.). (« *Built to last* » signifie « construit pour durer ».)

3. Que l'on peut traduire par « motivation », même si l'expression anglaise est plus vigoureuse.

Mieux même : la perte du sens crée une angoisse sur son propre avenir. Il est alors tentant de la réduire en montrant la noblesse, l'altruisme ou la dynamique qui prévaut dans le travail. Il est fascinant d'observer la pression mise sur les dirigeants pour qu'ils définissent une stratégie « claire ». Mais plus ils communiquent sur ce sujet et moins ce qu'ils disent est jugé compréhensible et crédible. Les cadres se lamentent à longueur d'entretiens sur le flou de la stratégie de leur entreprise, voire sur son absence. Les naïfs en manque d'imagination diront que « c'est un problème de communication », explication universelle d'un phénomène incompris ; en réalité, c'est une demande d'assurance sur l'avenir. À défaut de pouvoir y répondre avec une certitude chaque jour plus aléatoire, on magnifie le sens du travail collectif à travers des valeurs plus nobles et plus consensuelles les unes que les autres.

Et pour dire les choses plus simplement, les valeurs représentent ce que les entreprises n'ont pas et qu'elles souhaiteraient avoir. En les proclamant, elles envoient un message à leurs salariés. Faute de pouvoir obtenir ce qu'elles souhaitent, parce qu'elles ne savent pas comment l'obtenir… elles le demandent dans une sorte de supplique quasi religieuse et unanimiste. Elles considèrent qu'il appartient à chacun de comprendre combien ces demandes sont justifiées donc incontestables, un peu à la façon dont Taylor considérait que des règles scientifiques ne pouvaient qu'être appliquées, tant la contestation de la science relèverait de la maladie mentale. Mais néanmoins, pour s'assurer que les salariés n'oublient pas ces valeurs pourtant si évidentes, nombre d'entre elles les font reproduire au dos des badges professionnels. C'est une bonne façon d'éviter le trou de mémoire.

Il y a beaucoup de volontarisme dans cette façon d'envisager comment obtenir les comportements souhaités. Cela est vrai quelle que soit la méthode utilisée pour choisir les valeurs :

tantôt le Comex en décide seul dans une démarche *top-down* assumée. Le message est clair, il s'agit bien d'une injonction hiérarchique et elle est perçue comme telle, sans que cela en garantisse le succès. Une autre méthode consiste à produire des « valeurs négociées » au travers de groupes de travail ou d'un sondage auprès des salariés. Dans ce cas, les acteurs ayant décidé eux-mêmes de ces valeurs par un processus plus ou moins long de travail collectif, ils auraient mauvaise grâce – mauvaise volonté en fait – à ne pas les appliquer derechef. On peut enfin faire appel au *benchmark* et minimiser le risque en jouant sur la normalité. Ce qui est bon pour les autres, ne peut pas être mauvais pour nous, surtout si une aura de performance remarquable entoure les autres en question. La tentation peut alors exister, cela s'est vu, de « reconstruire une entreprise » autour de valeurs définies et acceptées collectivement.

Soit. Mais toutes ces approches s'appuient sur une théorie de l'action simpliste donc éminemment contestable : les acteurs, dans leur vie privée comme dans les organisations, agiraient en fonction de valeurs indépendantes du contexte dans lequel se déroule l'action. Elles seraient donc intangibles et suivraient *ne varietur* les individus quelles que soient les situations dans lesquelles ils se trouvent ou les problèmes qu'ils doivent affronter. Poussée jusqu'à l'absurde, cette réification des valeurs amènerait une mère dont l'enfant meurt de faim à refuser de voler un peu de nourriture au nom de leur respect. C'est méconnaître tous les acquis des sciences sociales en matière de comportements collectifs. En les rappelant, je vais montrer combien il serait utile que les dirigeants ou ceux qui les conseillent se les approprient, à l'image de ce qu'ils souhaiteraient observer chez leurs salariés à propos des valeurs ; mais en même temps je vais essayer de redonner à ces dernières leur vraie place en montrant comment, bien utilisées, elles peuvent devenir un utile outil de management. Il faudra pour cela démontrer que les valeurs sont un résultat de l'action bien plus que son impulsion. Et même si cela peut paraître choquant aux vrais comme aux faux naïfs, on montrera que, à défaut d'initier les comportements, les valeurs le rationalisent.

Le rôle du dirigeant n'est donc pas d'exercer une pression morale sur ses salariés en les culpabilisant, parce qu'ils refusent de traduire dans leurs actes des valeurs quasi universelles et incontestables. Il est de définir une stratégie et j'ai déjà fait remarquer toute la difficulté de l'exercice. Celle-ci, pour être mise en œuvre, nécessite des comportements qui en soient la traduction concrète dans le travail quotidien. Une fois obtenus, ils peuvent alors et alors seulement être traduits dans des valeurs. Elles ont un sens car elles s'appuient sur des pratiques réelles et non pas fantasmées. Mais savoir comment on obtient ces pratiques est la question qui au mieux inquiète et au pire torture le dirigeant. Elle constitue pour lui une boîte noire. Je vais essayer de l'ouvrir.

Pourquoi les gens font-ils ce qu'ils font ?

Pour cela, il faut une clé, en l'occurrence une notion, celle de l'intelligence de l'acteur[1]. Dans la vie en général et dans les organisations en particulier, les acteurs ne font jamais ce qu'ils font par bêtise. Celui qui n'a d'autre interprétation du

1. Je vais reprendre dans les pages qui suivent la théorie dite de la « rationalité limitée ». Elle a été développée par James March et Herbert Simon, *Les Organisations*, Paris, Dunod, 1991. La version française est préfacée par Michel Crozier. On recommandera tout particulièrement la lecture du dernier chapitre de l'ouvrage où la théorie est explicitée.

comportement d'autrui que la supposée sottise de ce dernier commet une grave erreur. Sitôt prononcé ce jugement abrupt, il faudrait le corriger car s'y tenir c'est renoncer à la compréhension de l'action mise en cause et donc se priver de toute capacité de la modifier. C'est aussi perdre la possibilité de négocier en réelle connaissance de cause et inévitablement conflictualiser plus ou moins vite la relation. Le jugement *a priori* est assurément l'ennemi principal de la compréhension réelle. Certes, il soulage les nerfs ; il permet de répéter ce qui est dans l'air du temps ou même de s'adonner à cette coquetterie qu'est l'anticonformisme, qui n'est jamais qu'un snobisme par rapport à un point de référence plus éloigné. Mais plus que tout il ferme la porte à une action raisonnée et efficace.

Il faut donc admettre que, dans la vie collective, nous n'avons pas de problème avec la bêtise humaine. Nous en avons beaucoup, en revanche, avec l'intelligence : elle constitue un vrai cauchemar pour les organisations et leurs dirigeants qui, à l'image du héros d'Orwell dans *1984*, cherchent à la circonscrire par tous les moyens. C'est bien ce qui se passe aussi dans la réalité quand l'adjectif « intempestive » accompagne le plus souvent le substantif « initiative ». Car, dès lors que tout le monde obéit, fait la queue sans protester, suit à la lettre les injonctions de Big Brother, le management peut en effet se détendre. D'où la production sans limites de règles, de procédures, de définitions de fonctions, de normes, dont l'objectif est de canaliser, contrôler, verrouiller tout ce que l'intelligence des acteurs pourrait les amener à faire de leur propre chef.

Ce que sous-entendent les lignes précédentes doit être investigué plus avant. Pour ce faire, partons de la proposition suivante : dans l'action organisée, les acteurs font ce qu'ils font parce qu'ils sont intelligents. Voilà qui va faire frémir tous ceux qui ne voient qu'imbéciles et idiots autour d'eux ! Encore faut-il préciser et illustrer cette notion d'intelligence de l'acteur, utilisée ici dans un sens sensiblement différent de celui que lui donne la connaissance ordinaire. Je vais m'y employer à travers deux exemples, l'un très significatif d'une situation que bon nombre d'entreprises ont vécue ; l'autre, plus simple mais non moins significatif, tiré de la vie de famille.

J'ai eu l'opportunité d'étudier le fonctionnement des postes économiques à l'étranger d'un grand pays industrialisé [1]. L'interrogation posée par les dirigeants portait sur le refus des « attachés » travaillant dans ces postes d'utiliser le système CRM (Client Relationship Management System) mis à leur disposition par leur maison mère, le ministère des Affaires étrangères en l'occurrence. L'objectif de ce système était d'éviter toute déperdition d'information sur les contacts noués par les attachés et de favoriser ainsi des échanges de renseignements ou de « bonnes pratiques ». La direction comprenait d'autant moins ce refus qu'elle estimait avoir mis au point un outil utile aux attachés eux-mêmes. Elle l'interprétait donc en termes de « résistance au changement », notion dont chacun sait qu'elle le dispute en vacuité à celle du « problème de communication ».

L'étude menée auprès de ces personnels a montré qu'ils tiraient un pouvoir considérable des relations privilégiées avec leur environnement local. C'est d'ailleurs pour cette raison que les ambassades s'efforçaient de les recruter et de les garder. Eux seuls savaient à qui s'adresser selon la nature du problème, comment résoudre une question difficile, quel partenaire choisir pour tenter une implantation industrielle. Leur valeur résidait dans le monopole de ce savoir. Ils ne le partageaient jamais avec quiconque tant ils avaient compris tout le bénéfice qu'ils

1. L'analyse complète de ce cas se trouve dans le premier volume. Il est brièvement repris ici sous un angle différent.

pouvaient en tirer. Et soudain, sans connaissance préalable de cette réalité, en s'appuyant sur le « bon sens » managérial, voilà que leur hiérarchie leur enjoignait de mettre ces informations exclusives à la disposition de tous ! D'un point de vue extérieur et intellectuel, rien à dire : cette démarche était frappée au sceau du bon sens et, de ce point de vue au moins, celui qui avait pris cette décision ne risquait rien. Mais d'un point de vue pratique, elle se heurtait à l'intelligence des acteurs. Accepter d'utiliser le système proposé aurait été pour eux une sorte de « suicide organisationnel ». Ils y auraient rapidement perdu l'exclusivité de leur savoir qu'ils mettaient par ailleurs sans réserve au service de leur organisation. S'ils ne « jouaient pas le jeu » comme dirait le faux bon sens, c'est parce qu'ils étaient intelligents. Certes, d'un point de vue abstrait, leur décision pouvait sembler regrettable, mais ils avaient trouvé une solution – ne pas utiliser le système CRM – cohérente avec le contexte dans lequel ils se trouvaient. L'intelligence, c'est cela, même si au fil de ce chapitre je vais être amené à en préciser les contours.

Regardons maintenant la vie de famille. Supposons qu'un enfant rentre de l'école avec des notes désastreuses. Le père, énervé, le gifle, non pas pour que les notes s'améliorent mais pour calmer ses nerfs. Que fera l'enfant la prochaine fois, dans des circonstances identiques ? Il dissimulera ses notes, non parce qu'il est bête, mais bien au contraire parce qu'il est intelligent. S'il advenait que, malgré la sanction physique, il continuait à montrer ses notes, nul doute que les parents finiraient par s'inquiéter. Pour formuler cette inquiétude en langage sociologique, disons que les parents comprendraient que l'enfant « n'est pas assez intelligent » pour trouver une solution cohérente – cacher les notes – dans le contexte qu'eux-mêmes ont créé.

Cet exemple simple permet d'entrevoir pourquoi l'injonction, y compris celle véhiculée par les valeurs, est inopérante. Elle est pourtant le mode d'action favori du dirigeant. Il dit ce qui doit être et le justifie par des arguments dont nous verrons bientôt qu'ils sont extérieurs à ceux à qui ils s'adressent. Dans l'exemple précédent, supposons que le père réunisse la famille pour lui communiquer ses préceptes moraux, sa vision dirait-on dans l'entreprise. Il peut ainsi leur signifier que la réussite et le bonheur dépendent – entre autres bien sûr – de l'acceptation par les enfants de communiquer les notes à leurs parents. En termes d'idéologie, l'argument est inattaquable et l'idéologie domine les discours managériaux quelle que soit l'organisation considérée. Mais l'enfant intelligent ne raisonne pas ainsi. Le bonheur de la famille et son propre avenir sont des réalités bien lointaines comparées au risque immédiat d'être battu. Son père lui envoie un message contradictoire avec le contexte qu'il a lui-même créé. Dans un tel cas, l'acteur s'adapte toujours au contexte et néglige le message.

Revenons dans les entreprises et posons-nous cette simple question : combien de « messages » sont émis sous forme d'ordres, de notes de service, de conseils ou d'injonctions, sans se soucier de leur cohérence avec le contexte dans lequel se trouve l'acteur qui les reçoit ? Dans la mesure où ils sont réputés justifiés par les besoins de l'entreprise, leur non-exécution devient une forme de dissidence toujours interprétée par des jugements négatifs : paresse, peur de la nouveauté, démotivation, etc. Il n'en est rien. Ils sont dans l'immense majorité des cas l'expression de l'intelligence des acteurs que la paresse intellectuelle des « décideurs » vient heurter de plein fouet. Je l'ai dit plus haut, le management serait plus aisé si les acteurs acceptaient de renoncer à cette intelligence et d'agir à l'encontre de leurs intérêts, intérêts souvent structurés d'ailleurs par les décisions de ces mêmes décideurs. J'ai déjà cité l'exemple d'appels vibrants à la coopération en même temps que perduraient, voire étaient renforcés, des modes d'évaluation individuels. Dans un tel cas, le message demeure sans écho. Si c'est contrariant pour celui qui veut le beurre et l'argent du beurre, c'est néanmoins rassurant pour la liberté humaine.

Qu'est-ce qu'être rationnel ?

Arrivé à ce point de l'argumentation, on comprend que deux raisonnements se confrontent dans la vie quotidienne des organisations. Leur incompatibilité est une cause majeure de l'incompréhension entre ceux qui prennent les décisions et ceux qui devraient les appliquer et souvent ne le font pas. Cette confrontation peut s'imaginer sous la forme d'un tableau divisé en deux parties, droite et gauche. Cette distinction entre partie gauche et partie droite du tableau sera très utile par la suite : elle permettra en particulier d'expliquer les difficultés inhérentes à la mise en œuvre d'un processus de changement[1].

Dans la partie gauche de ce tableau, nous trouvons le « raisonnement ordinaire », pourtant considéré comme le plus noble et en tout état de cause le plus répandu. Il part d'un postulat : pour chaque problème existe une meilleure solution et une seule[2], et l'intelligence, c'est précisément ce qui permet de la trouver. Elle est donc réservée à une minorité, une élite, appelée de par cette qualité à diriger les organisations[3]. Observons qu'ici, comme dans la logique taylorienne dont est issue cette approche de la

1. Voir chapitre suivant.
2. Ce que l'on a appelé la théorie du « *one best way* ».
3. Cette remarque permet de comprendre à quel point ce qui est enseigné dans les écoles « élitistes » ne permet guère de comprendre la réalité telle qu'elle est. Le paradoxe inacceptable, voire indicible, de nos sociétés construites autour de cet

réalité, la solution ainsi mise en évidence s'impose à tous. Son unicité et sa validité ont été démontrées par des « études », ainsi que son utilité pour résoudre ce qui fait problème. On dira dans ce cas qu'il existe une « rationalité unique », parfois appelée de façon désobligeante la « logique de l'ingénieur ». Là où le bât blesse, c'est lorsque ce raisonnement rejette dans l'irrationnel la contestation, la divergence et le refus d'obtempérer. Tous ces comportements sont renvoyés dans le domaine de la pathologie, qu'elle soit morale (la mauvaise foi) ou médicale (la folie).

Il y a quelque ironie à constater que les régimes totalitaires ne fonctionnent pas autrement : ils ont toujours eu la tentation de justifier par la science leurs décisions et la construction sociale qui en résultait. Cela a conduit bon nombre d'opposants dans les hôpitaux psychiatriques : un régime humain se doit de soigner ceux dont les déviances traduisent des désordres mentaux. Nous n'en sommes heureusement plus là, mais lorsqu'un dirigeant énervé s'exclame devant des salariés qui contestent une de ses décisions : « Un enfant de six ans le comprendrait », nous sommes dans le même cadre intellectuel de la rationalité absolue.

L'acteur engagé dans la vie quotidienne au travail ne réagit pas ainsi et c'est l'ensemble de ces « réactions » que nous trouverons dans la colonne de droite de notre tableau. Ce n'est pas une question de capacité mais de « sens pratique » : l'acteur ne cherche pas une hypothétique meilleure solution si tant est par ailleurs qu'elle existe. Il se tourne vers la première solution acceptable pour lui, ici et maintenant. Chacun de ces mots mérite explication, car comprendre cette affirmation est la clé pour sortir de la connaissance ordinaire, de l'idéologie ou du jugement moralisateur. Pour appréhender la notion de « première solution acceptable »,

---

« élitisme républicain », c'est que ceux qui n'ont pas eu la chance d'accéder à ces écoles sont finalement beaucoup plus réalistes dans l'action quotidienne.

reprenons l'exemple de l'enfant et de ses mauvaises notes : face à la menace de la sanction corporelle, il a plusieurs solutions. Il peut dire ses notes, mais le prix à payer est élevé ; il peut en cacher certaines, mais c'est un pari risqué compte tenu de la configuration du carnet de notes. La solution qui sans doute ne lui paraît pas la meilleure *in abstracto* mais qui lui permet de « voir venir », c'est de dissimuler l'ensemble des notes. Pour le reste, en effet, on verra plus tard.

Est-ce à dire qu'il ne comprend pas ce que pourrait être un monde idéal – qui n'est pas le sien au moment où il prend sa décision – dans lequel il vaudrait mieux que les enfants disent leurs notes à leurs parents ? Il ne fait pas de doute qu'il en saisit l'intérêt intellectuellement, comme chacun d'entre nous. Mais cette solution n'est pas adaptée à son contexte qui, il faut y insister, a été créé par celui-là même qui lui suggère aujourd'hui une solution de bon sens, appelée plus haut la rationalité absolue. Cependant, comme cet exemple permet de le comprendre, le discours du bon sens n'a pas toujours de sens pour les acteurs auxquels il s'adresse. Dans ce cas, nous allons dire que l'enfant est rationnel, comme le sont tous les acteurs, mais d'une rationalité limitée. Limitée d'abord par le contexte dans lequel il se trouve, lequel l'amène à arbitrer en faveur de solutions possibles au détriment de solutions souhaitables certes, mais irréalistes pour lui. Limitée aussi dans le temps : l'enfant ne raisonne pas sur le futur lointain de la famille. Il prend en considération les éléments dont il dispose au moment où il arbitre entre les solutions possibles.

On dira alors que l'enfant a une « stratégie rationnelle », tout comme les attachés qui refusent le système CRM qu'on leur propose ont eux aussi une stratégie rationnelle. Cela implique-t-il qu'on approuve ce qu'ils font ? En aucun cas. Cela signifie simplement que l'on admet qu'ils ont trouvé une solution cohérente avec le contexte dans lequel ils se trouvent. Ce dernier exemple permet également d'illustrer la proposition « ici et maintenant », pourtant si opposée à la rhétorique de la vision, de l'anticipation et de la gestion prévisionnelle. La direction avait expliqué longuement à ses attachés la pression effectuée sur elle par son ministère de tutelle, lui-même sous contrainte du ministère du Budget, pour que les informations recueillies dans les postes économiques soient mutualisées. Elle avait dit et répété la menace de coupure des crédits en cas d'échec de cette innovation, coupure qui, d'après elle, condamnait l'organisation à la faillite dans un délai estimé à trois ans. L'emploi de tous était donc menacé et le « bon sens » aurait dû amener chacun à le comprendre, à réagir et à accepter la solution proposée. Mais trois ans, c'est bien loin par rapport à la menace immédiate de voir sa position monopolistique disparaître quasi instantanément. C'est sur ce critère immédiat que les attachés ont réagi. L'évaluation du contexte les a ainsi conduits à privilégier la désobéissance. Seul un raisonnement extérieur aux acteurs et à leur situation peut amener le moraliste à dénoncer leur « court-termisme ». N'est-ce pas, d'ailleurs, seulement par cet « ici et maintenant » que l'on peut « comprendre » l'acte en apparence monstrueux qui consiste à prélever cigarette après cigarette dans un paquet recouvert de l'inscription « Fumer tue », accompagnée parfois de dessins terrifiants ? L'immédiateté du plaisir l'emporte sans difficulté sur la menace lointaine et peu matérialisable.

Faisons un pas de plus et, pour cela, souvenons-nous : dans la discussion sur le « concret », j'ai noté qu'une organisation est faite de ce que font les gens. Il nous est maintenant possible de préciser cette définition et d'en tirer des conséquences opérationnelles : une organisation, c'est un ensemble de stratégies rationnelles d'acteurs ou, pour faire encore plus simple, c'est l'ensemble des solutions acceptables trouvées par les différents acteurs dans le contexte qui est le leur. La conclusion immédiate qu'on en peut tirer va permettre de revisiter tout ce qui est dit et écrit sur le changement : changer une organisation, c'est mettre les acteurs dans un contexte dans lequel ils trouveront des solutions différentes de celles qu'ils ont adoptées dans le contexte présent. C'est une démarche beaucoup plus exigeante pour les responsables que de se cantonner dans l'injonction sous toutes ses formes, au premier rang desquelles figure l'appel aux valeurs. C'est surtout une approche qui permet d'expliquer la nécessité du changement sans jamais culpabiliser ceux à qui on va demander d'évoluer. De ce point de vue, cette notion d'intelligence de l'acteur « neutralise » toute polémique sur d'éventuelles responsabilités. Ce faisant, elle permet d'éviter tout ou partie des stratégies de défense développées par des acteurs mis en accusation implicitement ou explicitement.

Ne nous y trompons pas cependant : tous les acteurs ont une stratégie rationnelle, mais cela ne signifie pas que l'ensemble fonctionne de façon harmonieuse. Il n'y a même aucune relation entre les deux propositions[1] et cela nous renvoie aux développements effectués plus haut sur la « régulation ». Nous venons en effet de découvrir ce qui constitue une des principales difficultés de la vie collective : on ne convainc jamais personne. Non pas, à nouveau, parce que ceux à qui on s'adresse sont sots et ne comprennent rien, mais bien au contraire parce qu'ils sont intelligents. Je sais à quel point cette proposition peut être dérangeante tant nous sommes toujours persuadés « d'avoir raison ». Mais chercher à convaincre ceux dont on a la charge d'adopter des comportements en contradiction avec le contexte dans lequel ils se trouvent est une démarche vouée à l'échec et frustrante pour les deux parties.

1. Michel Crozier l'a mis en évidence dans l'étude qu'il a faite sur le fonctionnement des chèques postaux. Voir *Le Phénomène bureaucratique*, *op. cit.*

Là est toute la difficulté du management, car l'action efficace ne passe pas par le discours prétendument incontestable ou habillé de la rhétorique de l'intérêt général. Elle demande l'investissement dans une connaissance élaborée qui nécessite du temps et de l'énergie, deux denrées rares pour des cadres qui consacrent en moyenne sept minutes à chaque sujet.

Des valeurs utiles, c'est possible

Voilà pourquoi on ne gouverne pas par les valeurs. Voilà pourquoi surtout on ne peut espérer changer une organisation et les comportements qui la caractérisent simplement en faisant adopter de nouvelles valeurs. Pour être efficaces, elles devraient être « intégrées » par les acteurs, disent les bons auteurs. L'utilisation du conditionnel souligne toute la difficulté de la tâche.

La condition de leur intégration, nous venons de le voir, est qu'elles aient du sens pour ceux qui sont appelés à les adopter. Mais ce sens ne se définit pas à partir d'une compréhension intellectuelle de ce qui est dit, ni même d'une compréhension des mots utilisés. Le sens n'a de sens que par rapport à l'univers de référence de l'acteur. C'est pour cela qu'une explication est toujours utile mais jamais suffisante : si on lui donne les raisons d'une décision, le salarié les comprend sans difficulté et peut même les approuver. Mais lorsque les conséquences de cette décision se matérialiseront pour lui, il exprimera sans hésiter son désaccord et son opposition s'il les juge négatives pour lui. Doit-on alors crier à la trahison, à l'incohérence, voire à la manipulation ? Ce serait une coupable facilité. La responsabilité en revient à celui qui a gardé le débat sur le terrain intellectuel. Dans l'entreprise, on n'est pas sur un plateau de télévision. Le discours théorique y a peu de place s'il reste dans une vague abstraction excluant la prise en compte des conséquences pratiques.

Ainsi en est-il des valeurs. Tant qu'elles restent au niveau des « bonnes intentions » ou d'une société rêvée, pourquoi être contrariant ? Mais se risquer à demander leur application est une tout autre histoire. Répétons-le, elles n'initient pas l'action, elles la consacrent, voire la justifient. Le travail qui conduit à leur formulation a peu à voir avec celui qui est généralement entrepris. Et même si un grand sondage, effectué auprès de l'ensemble des salariés, leur a donné la possibilité de choisir les valeurs qu'ils souhaitent être celles de leur entreprise, il ne faut pas en déduire qu'ils vont les traduire dans leurs comportements. Paresse, naïveté ou manipulation que de penser cela. Le cheminement inverse a plus de chances de succès : partir d'une stratégie dont l'élaboration relève de la responsabilité du dirigeant et énoncer les comportements qui permettront de la mettre en œuvre constituent la première partie de la démarche. Puis il faudra créer les conditions favorisant ces comportements. Au cours de ce travail, l'intelligence des acteurs cessera d'être un problème et pourra être utilisée comme une bonne ressource. Placés dans le contexte adéquat, la capacité des acteurs à trouver des solutions cohérentes avec ce contexte les conduira à adopter les pratiques souhaitées. Il sera temps alors de les traduire en termes de valeurs ou de principes de management.

Ces valeurs auront pris du poids et de l'épaisseur. Cela n'implique pas qu'elles seront particulièrement « fortes », comme le suggéraient Jim Collins et Jerry Porras, qualificatif qui se réfère à nouveau à une échelle extérieure, abstraite et d'ailleurs inconnue pour le plus grand nombre. Elles correspondront à des comportements effectifs et pourront entraîner l'entreprise dans un cercle vertueux : elles deviendront un « référentiel dominant » pratique, traduisant une réalité vraie. Il sera alors difficile de les assimiler à de simples mots creux et vagues, à un fantasme de dirigeant ou à une opération de marketing interne. Chacun saura à quoi elles se réfèrent et pourra l'expliquer à ses collègues aussi bien qu'à ses interlocuteurs extérieurs. Le piège du cynisme aura été évité et les dirigeants en tireront une bien utile crédibilité. Ce ne sera, après tout, que la juste récompense du travail de fond qu'ils auront accepté d'effectuer au lieu de se contenter des solutions toutes faites, issues de la connaissance ordinaire. Comme le dit l'adage populaire : tout travail mérite salaire.

CHAPITRE V

Ce qui est dit est fait, ou la difficulté de maîtriser un processus de changement

En introduction, j'ai évoqué ce dirigeant s'étonnant de la difficulté à obtenir que ses décisions soient appliquées comme elles devraient l'être. C'était pour lui un problème d'« exécution ». Nombreux sont ses « collègues » à se plaindre en des termes identiques. Cette récurrence me fait dire que l'on est passé du « cri du client[1] » à celui du dirigeant, même si les deux bien sûr ne s'excluent pas. Sans doute ce cri traduit-il le désarroi du dirigeant confronté à la « perte de contrôle » déjà décrite par ailleurs[2] et la difficulté d'obtenir ce que l'on souhaite dans le magma complexe que sont devenues les grandes organisations modernes.

On croyait jusque-là ces difficultés réservées au monde administratif et à ses immenses structures ingouvernables : ce n'est manifestement pas ou plus le cas. Faut-il pour autant s'y résigner et suggérer aux dirigeants de s'en accommoder avec modestie, recul et sagesse ? C'est peu plausible tant la pression qui pèse sur eux est forte de la part de tous les acteurs, actionnaires mais aussi analystes, partenaires, clients, fournisseurs et bien sûr salariés.

Il convient alors de s'interroger sur ce qui ne va pas dans le management de ces grands ensembles, sans céder à la tentation

1. Référence au livre de Roger Moiroud, *Le Cri du client, ou comment faire mieux la prochaine fois*, Paris, Éditions d'Organisation, 1993.

2. Dans le premier volume en particulier.

de s'en remettre à des explications aussi polémiques qu'inutiles : la mauvaise volonté, la peur du changement, l'inertie des acteurs et surtout des « bureaucraties intermédiaires », sortes d'étouffoirs incontrôlables, ou que sais-je encore ? Cette démarche est une impasse qui ne nous mènera nulle part, nous le savons.

Mieux vaut sans doute se poser quelques questions pratiques auxquelles l'expérience permet de répondre : par quels canaux les dirigeants appréhendent-ils le problème à résoudre ou la décision à prendre ? Qu'est-ce qui les guide vers une solution plutôt que vers une autre ? S'impliquent-ils vraiment dans la mise en œuvre dont chacun s'accorde à reconnaître l'importance décisive dans toute action de changement ? En d'autres termes, quel est le modèle dominant de gestion des trois étapes de tout processus de changement : la compréhension du problème, la recherche des solutions et leur mise en œuvre ?

Comment distinguer un symptôme d'un problème ?

Les dirigeants n'ont pas de chance : ils sont supposés tout savoir et avoir réponse à tout. Ils sont à l'image de ces politiques interrogés sur les sujets les plus divers et les plus complexes, et néanmoins capables de fournir des réponses argumentées sur chacun. Or chacun sait bien que les choses ne se passent pas ainsi dans la vie réelle. Il peut arriver qu'un responsable mette de lui-même une question sur son agenda soit à la suite d'une intuition, soit après une mûre réflexion personnelle qu'il va partager avec son cercle le plus proche. Mais ce n'est pas le cas général : le plus souvent, on lui fait remonter des « alertes » auxquelles il est censé réagir rapidement et efficacement. Ce peuvent être des données de toutes natures portant sur la situation financière, sur les ventes, sur la concurrence ou les mouvements de personnel. Cette masse d'informations est d'autant plus volumineuse que chacun dans l'environnement du dirigeant tient à apporter la sienne, à communiquer son « scoop » ou tout ce qui peut montrer combien il est concerné, renseigné, au courant et donc indispensable.

Face à cela, il ne s'agit pas simplement de faire le tri. Il faut aussi interpréter des données toujours présentées par ceux qui les portent comme des problèmes, alors qu'en réalité elles ne sont que des symptômes. C'est une connaissance au premier degré qui circule, renforcée par la rhétorique de la solution immédiate à trouver. Combien de fois peut-on entendre cette phrase régressive prononcée avec fatuité : « Il n'y a pas de problème, il n'y a que des solutions. » Si, il y a des problèmes et la difficulté consiste à les identifier derrière le fatras des symptômes qui les recouvrent. Et, faute de faire la distinction entre le symptôme et le problème, le responsable risque fort de passer une partie de son temps à chercher des solutions à des problèmes qu'il ne connaît pas.

C'est en effet une tendance lourde de la vie des organisations. Elle est accentuée par l'extrême segmentation du travail des cadres, amenés à traiter les sujets les plus variés auxquels ils ne peuvent consacrer qu'un temps très limité. Il y a là un paradoxe qui ne peut que surprendre : plus les questions à traiter sont nombreuses et complexes et moins ceux qui en ont la charge peuvent y consacrer de temps. On en arrive ainsi à un « management superficiel », principale cause de la recherche effrénée des « recettes miracles » supposées compenser le manque d'investissement dans la connaissance en profondeur des problèmes à résoudre. Elles n'apportent généralement pas grand-chose, sauf bien sûr à ceux qui les ont conçues et commercialisées. Ainsi se trouve rémunérée cette fonction essentielle consistant à penser à la place des autres.

Comment faire alors la distinction entre symptôme et problème qui devrait permettre d'éviter cette superficialité ? Pour l'éclairer, je vais partir d'un exemple : j'ai eu l'occasion d'étudier le comportement d'une catégorie d'agents chargés du contrôle des billets dans une grande compagnie de transport. L'inquiétude des dirigeants portait sur le retrait de ces agents face aux clients dès lors qu'un incident affectait le déroulement normal du voyage. Là où l'on attendait d'eux présence, communication, aide et recherche de solutions, on n'observait que fuite et évitement.

L'interprétation de la direction mettait en avant la « peur du face-à-face », l'absence de motivation et plus généralement un ensemble de caractéristiques psychologiques propre à cette catégorie. « C'est une population perdue », me dit un jour un responsable, ce qui me laissa songeur lorsque je me remémorai que son propos visait 11 000 personnes.

Pour y remédier, des sessions de formation aux « attitudes de service » avaient été organisées. On y expliquait aux intéressés les comportements « de base » face au client : dire bonjour, accompagner la demande du billet d'une formule de politesse et conclure de même ce bref contact. Les résultats se révélaient très décevants, d'où la mise en cause des individus eux-mêmes. Un mauvais esprit aurait pu s'interroger sur la responsabilité de celui (ou de ceux) qui les avait embauchés ! En fait, les responsables commettaient une profonde erreur de raisonnement en isolant la relation entre ces agents et les clients sans prendre en compte le reste de l'organisation. Ils l'appréhendaient comme un face-à-face hors de tout contexte, ce qui ne pouvait qu'induire la mise en cause du « caractère » de cette catégorie d'agents. C'est un phénomène courant que j'ai maintes fois observé : faute de comprendre les autres, on est tenté de considérer leur comportement comme de la bêtise, de l'inconscience ou de la mauvaise volonté. Ces jugements péremptoires peuvent aller parfois jusqu'à l'insulte. À l'inverse, la connaissance permet l'empathie.

Sans surprise, l'analyse montra que ces agents réagissaient « avec intelligence » au contexte dans lequel ils étaient placés. Ils constituaient le « bout de chaîne » d'une organisation sur-segmentée, dans laquelle la communication entre les différents silos n'était ni pratiquée ni prévue, les procédures tayloriennes devant se substituer à toute forme d'initiative individuelle. Il apparut donc que l'information nécessaire à une gestion détendue de la relation au client était détenue par une autre partie de l'organisation qui, pour préserver une situation avantageuse d'autonomie face aux décisions urgentes qu'elle était amenée à prendre, n'avait aucun intérêt à communiquer les informations qu'elle détenait. Faute d'en bénéficier, les agents du contrôle ne pouvaient les fournir aux clients et avaient donc tout intérêt à déserter la relation à ces derniers.

Rien de particulier donc dans cet exemple, du moins dans le contenu. En revanche, il permet de mettre au jour la confusion entre le symptôme et le problème, et en quoi cette confusion paralyse l'action des responsables. Car tant que l'on cherche à résoudre le symptôme (le retrait) et non le problème (l'impossibilité pour les agents d'accéder à l'information requise pour gérer au mieux la relation avec les clients), il est évident que l'on ne peut développer que des solutions inopérantes.

Dans le langage courant de la connaissance ordinaire, on dira que le retrait des agents est un problème. C'en est un en effet pour les responsables. Mais du point de vue de l'organisation, c'est un symptôme, une alerte qu'il faudra investiguer et analyser pour comprendre le problème plus complexe qui la génère. Pour le dire autrement, un symptôme, ce n'est qu'une information, pas plus qu'une information et même une « information incomprise », pour reprendre la belle expression d'Edgar Schein[1]. Il est l'apparence visible d'une réalité bien plus complexe, à l'image de ce que nous disions de la structure par rapport à l'organisation dans le premier chapitre. Il joue le rôle que les médecins assignent à la douleur.

Le problème, c'est l'ensemble des interrelations, des « stratégies » avons-nous dit, qui génèrent le symptôme. Se concentrer sur ce dernier conduit à une compréhension causale et linéaire donc pauvre ou fausse par nature ; comprendre le problème, c'est passer à une appréhension systémique, certes plus complexe mais tellement plus féconde ! Il n'est sans doute pas utile d'insister sur le fait que le passage de l'un à l'autre nécessite des outils d'analyse et un raisonnement approprié, donc une forme de culture peu en vigueur chez les managers. Et cependant, ensemble, outils et raisonnement permettent de s'éloigner de la connaissance ordinaire et surtout d'identifier la vraie nature du dysfonctionnement, indépendamment des caractéristiques particulières des individus ou des groupes d'individus. Personne ne présentera cette démarche comme simple. Pour commenter cette difficulté, Michel Crozier utilisait volontiers cette formule parlante : « Le problème, c'est le problème. »

On peut ainsi comprendre pourquoi les responsables se situent toujours dans la « partie gauche du tableau[2] ». Ne percevant pas la vraie nature du problème, ils tiennent aux présumés « coupables », aux réticents, aux sceptiques un discours du bon sens dénué de sens. Il repose sur une logique théorique, abstraite, qui n'a rien à voir avec ce que vivent les acteurs. Ceux-ci ont alors le

1. Edgar Schein, *Process Consultation : Lessons for Managers and Consultants*, Boston, Addison-Weslay Publisher, 1987.
2. Voir chapitre IV.

sentiment justifié que personne ne les écoute et c'est ainsi que se crée à nouveau le cercle vicieux de l'incompréhension et de la frustration : l'incapacité des responsables à « entrer » dans une réalité complexe – le problème – les amène à des solutions simplistes et inadaptées qui génèrent chez ceux qui en pâtissent réprobation et sentiment de n'être pas écoutés ; les responsables lancent alors études et sondages qui ne leur en apprennent guère plus, car ils postulent que les acteurs eux-mêmes savent ce qui ne va pas et ce qu'ils veulent, ce qui est rarement le cas. Ils oublient ce principe essentiel de la vie collective : écouter les gens, ce n'est pas leur demander ce qu'ils veulent ; c'est se mettre en situation de le leur dire. Nulle manipulation dans ce propos : il souligne l'attente par les acteurs d'une explication qui aille au-delà de ce qu'eux-mêmes perçoivent et dont ils sentent toutes les limites. D'où leur frustration devant ces études qui ne font que répéter d'une façon plus ou moins ordonnée ce qu'eux-mêmes ont dit sans y apporter la moindre valeur ajoutée. Ils ne peuvent donc rien attendre des solutions qui en sortiront et les faits leur donnent raison.

J'ai eu l'occasion, lors de l'instauration du permis de conduire « à points » et du grave conflit qui en est résulté avec les chauffeurs routiers, de mettre en parallèle le raisonnement mécaniste du décideur public et la complexité du système des transports terrestres publics en France[1]. J'y expliquais l'apparente contradiction des chauffeurs routiers, vent debout contre une réforme pourtant censée améliorer la sécurité sur les routes. Ce comportement suscitait la réprobation générale, amenant une association contre la violence routière à dénoncer ceux qui agissaient « comme s'il leur arrivait quelque chose de grave ». C'était en

1. François Dupuy, « Débats routiers : personne n'écoute », *Le Monde*, 8 juillet 1992.

effet le cas, mais personne, et surtout pas les pouvoirs publics, ne faisait l'effort de le comprendre. Comprendre quoi ? Qu'appuyer sur l'accélérateur au-delà de ce que la loi permet n'est pas un « choix » délibéré, inconscient et irresponsable de la part de celui qui le fait. Le chauffeur est l'acteur le plus dépendant d'un système complexe dans lequel ceux qui ont le pouvoir sont ceux qui détiennent la denrée rare – contrôlent l'incertitude, avons-nous dit –, le fret. Pas de fret, pas de travail. Quelle est la valeur ajoutée que peuvent proposer les plus démunis de ce système, ceux qui ont « le cul dans le camion » et ne peuvent de ce fait avoir la moindre politique commerciale ? Ils offrent aux nombreux donneurs d'ordres, affréteurs, transitaires, intermédiaires, gros transporteurs, une marge de souplesse face aux exigences croissantes des clients. En un mot, ils acceptent de frauder. Ce sont eux qui consentent à conduire plus vite, plus longtemps, plus chargés. Et, triste paradoxe confirmé et aggravé par l'apparition sur les routes des routiers étrangers sous-payés, le renforcement de la réglementation a accentué la situation de dépendance des plus démunis, sans que l'on ait jugé utile d'envisager d'actionner d'autres leviers : la conduite sans permis a de beaux jours devant elle.

Si l'attention avait été portée sur la partie droite de notre fameux tableau (voir chapitre IV), celle qui restitue la réalité complexe dans laquelle se meuvent les acteurs, peut-être auraient-ils eu le sentiment d'être écoutés et auraient-ils pu participer à la recherche de solutions. Nous y reviendrons.

Tout cela se déroulait en 1992, il y a donc longtemps. A-t-on appris depuis ? Pas vraiment si l'on observe le désespoir des entreprises devant le faible engagement de leurs salariés. Elles l'interprètent en termes de culture générationnelle et dissertent sur les anciens et leur attachement à la valeur travail… C'est dire si cette lecture va conduire à des solutions opérationnelles ! Elles ne comprennent pas les conséquences de ce qu'elles ont été amenées à faire pour survivre dans le monde ouvert qui est le leur aujourd'hui : la rupture du lien traditionnel qui les unissait à leurs salariés. Comme pour les routiers, le remède – la coercition – se révélera pire que le mal.

L'anecdote et le fait

En animant des sessions de formation, j'ai souvent été surpris de voir des participants dont l'intérêt se portait de préférence sur les cas particuliers qu'ils avaient à gérer. Il était toujours difficile d'attirer leur attention sur la dimension collective de leurs responsabilités qui devait être prise en charge avant que l'on s'intéresse aux cas individuels. C'est un syndrome identique à celui de la confusion entre symptôme et problème, et qui consiste à privilégier le cas particulier, l'anecdote, plutôt que le fait. Rien de facile là non plus : dans nos conversations courantes, nous n'échangeons la plupart du temps que des anecdotes. Cela rend la vie sociale plaisante et parfois amusante. En ce qui concerne le management, c'est une tout autre histoire.

Pour illustrer la différence entre l'anecdote et le fait, je vais partir d'une anecdote, amusante j'espère ! J'ai aidé, il y a quelques années, un animateur et producteur d'une émission télévisée célèbre à préparer un de ses sujets. Il portait sur l'administration publique et devait être suffisamment polémique pour alimenter la réputation de l'émission. Durant la préparation, l'animateur me demanda de lui trouver un enfant que les services sociaux auraient enlevé à sa famille, provoquant ainsi le suicide de la mère. Je restai perplexe face à une requête portant sur une situation heureusement exceptionnelle. À la question : « Mais pourquoi voulez-vous montrer quelque chose d'aussi extrême ? », il me répondit : « C'est un fait qui va démontrer l'irresponsabilité des fonctionnaires. » Alors s'engagea la conversation suivante :

– Ce n'est pas un fait, lui dis-je, c'est tout juste une anecdote et rien ne permet de dire qu'elle représente une quelconque réalité.
– Non, répondit-il, puisque c'est arrivé, c'est un fait.

Par chance, nous nous trouvions dans une régie, entourés d'écrans offrant une palette variée d'images. Sur l'un d'eux se déroulait un match de boxe. Je montrai cet écran à mon interlocuteur et lui dis :

– Que voyez-vous sur cet écran ?
– Un match de boxe, me répondit-il.
– Soyez plus précis, décrivez la scène.
– Deux hommes se battent et un troisième surveille ce qu'ils font.
– Quelle est la caractéristique des deux hommes qui boxent ?
– Ils sont noirs.
– Et celui qui les surveille ?
– Il est blanc.
– Et que fait-il régulièrement ?
– Il les sépare.
– Que se passe-t-il quand la cloche sonne ?
– Les boxeurs arrêtent le combat.
– Bien, lui dis-je. Vous avez un sens aigu de l'observation. Mais dans votre langage, vous venez de me décrire ce que vous appelez « des faits ». Allez-vous en conclure que les Noirs sont querelleurs (ils se battent) et pavloviens (ils s'arrêtent spontanément en entendant la cloche) alors que les Blancs sont pacifiques et s'efforcent de contenir les instincts belliqueux des Noirs en les séparant dès que nécessaire ? Non, bien sûr. Ce que vous considériez comme des faits ne sont en fait que des anecdotes. Vous ne pouvez rien en conclure de généralisable.

Le soir de l'émission, l'irresponsabilité des fonctionnaires fut évacuée des thèmes abordés et j'en ai remercié le présentateur.

Établir des faits et comprendre des problèmes relèvent de la même exigence intellectuelle et de la même nécessité morale de ne pas se contenter de l'apparence. En matière de management, ignorer cette exigence ou ne pas avoir les moyens de la dépasser conduit aux « décisions absurdes » analysées par Christian Morel[1] : le responsable finit par agir à l'encontre du but recherché et produit, en toute bonne foi, des catastrophes financières ou humaines. Les organisations – surtout les plus grandes – sont tout à fait à même d'absorber ces dérives. Elles le font tous les jours et leur dire qu'elles pourraient faire mieux ne peut intéresser que ceux dont l'enjeu est effectivement de faire mieux. C'est bien pourquoi la première étape d'une action de changement réussie consiste à identifier ceux qui, à la fois, ont intérêt à ce changement et ont le pouvoir d'y engager leur organisation.

Raisonner sur les fins ou sur les moyens ?

Un des effets de l'intelligence des acteurs est de les amener à raisonner sur les moyens beaucoup plus que sur les fins. Ils se fixent les objectifs du possible, ceux qu'ils pensent pouvoir atteindre avec les ressources à leur disposition. C'est une des raisons pour lesquelles l'expression « les gens se trompent » est en général vide de sens. Ce ne sont pas « les gens » qui se trompent, mais ceux qui échouent à comprendre ce qui les étonne. Cela explique l'aspect parfois chaotique de l'action humaine : elle n'est pas planifiée à partir d'un objectif unique et du calcul du temps nécessaire pour l'atteindre. On avance, sans toujours savoir où

1. Christian Morel, *Les Décisions absurdes. Sociologie des erreurs radicales et persistantes*, Paris, Gallimard, « Bibliothèque des sciences humaines », 2002.

l'on va, on choisit des objectifs intermédiaires qui eux-mêmes vont en faire apparaître de nouveaux. C'est une des raisons pour lesquelles il est aventureux – et bureaucratique – de chercher à évaluer le résultat d'une action uniquement par rapport à ses objectifs initiaux.

Mais en matière de management, le chaos même créateur ne fait pas recette. On lui préfère la planification rigide, le choix d'objectifs ambitieux (les objectifs doivent *toujours* être ambitieux), le repérage des étapes et les critères d'évaluation définis à l'avance. Le raisonnement porte donc sur les finalités – sur ce qu'il faut atteindre – et fait l'impasse sur les moyens pour y parvenir. Une bonne stratégie ne saurait souffrir que l'on ne sache pas exactement où l'on va. La plupart des acteurs ne l'admettraient d'ailleurs pas, qui verraient ainsi leur sort confié à l'aléatoire du déroulement de l'action elle-même. Ce désir frénétique de clarté et de visibilité conduit à la multiplication des objectifs et des plans d'action dont la fonction première est d'assurer tout le monde que rien n'a pu échapper à un maillage aussi serré. Tout est prévu, couvert, géré. « Au bonheur des consultants », pourrait-on appeler cette démarche.

La mise au point de ces plans d'action constitue une activité en soi et devient vite une finalité. Peu importe qu'ils soient mis en action, ils ont été préparés et rédigés. Ils constituent non pas une image « idyllique » de ce qu'il faudrait faire, mais le résultat des négociations complexes entre les parties concernées par leur mise au point. Nous ne sommes pas très loin de ce que les sociologues appellent le « modèle de la poubelle[1] ». C'est ce

1. Michael D. Cohen, James G. March et Johan P. Olsen, « A garbage can model of organizational choice », *Administrative Science Quaterly*, vol. 17, nº 1, mars 1972, p. 1-25. Voir aussi Erhard Friedberg, *La Théorie des organisations et la question de l'anarchie organisée*, Paris, Presses universitaires de France, 1997.

mécanisme qui conduit à deux conséquences : l'inflation des objectifs à atteindre puisqu'il faut bien « qu'il y en ait pour tout le monde » ; l'éloignement grandissant des possibilités concrètes de réalisation, la priorité ayant été donnée à la satisfaction des buts de chacun. Les groupes de travail constitués pour produire ces plans l'ont été sur une logique politique : qui faut-il « y mettre » pour ne pas générer mécontentement et frustration ? Ils ont donc fait de la politique à l'image des coalitions de partis qui échangent une concession sur un point pour en obtenir une sur un autre point.

On le voit, le raisonnement sur les finalités, hors de toute considération sur la mise en œuvre, peut conduire à deux extrémités : soit le *perfect design* d'un projet à la cohérence implacable, soit un compromis dont la finalité n'est pas d'arriver au résultat escompté mais de ne pas compromettre l'équilibre entre les parties concernées.

Le raisonnement sur les moyens et donc sur la fixation des objectifs du possible n'est pas ce qui domine dans le monde du management. Il est perçu comme réducteur, contraignant et manquant d'ambition. Il supposerait une connaissance élaborée des « systèmes » dans lesquels les décisions prises vont devoir être appliquées et donc un travail sérieux d'anticipation des leviers utilisables et des obstacles à surmonter. C'est contradictoire avec le volontarisme qui prévaut dans les entreprises et qui postule qu'une décision qui a été prise sera *de facto* appliquée. Cette façon de voir est une régression inconsciente mais irrépressible vers la notion de pouvoir hiérarchique. Certes, elle offre un grand confort, au moins provisoire, à ceux qui sont au sommet de la pyramide. Leur opposer en permanence des obstacles, des enjeux dont il faut tenir compte, des acteurs puissants qui s'opposeront de toutes leurs forces, dénude petit à petit le roi qui se cabre face à cet attentat à la pudeur. Mieux vaut souvent abonder en son sens, advienne que pourra !

La prise de décision

Selon le raisonnement adopté, la recherche de solutions prendra une tournure bien différente. Se concentrer sur les fins met le dirigeant dans la posture du « stratège » qui détermine ce qu'il faut et laisse les autres le faire. Les exécutants, quel que soit leur niveau, ne sont pas dans une position enviable : ils n'ont qu'une marge très réduite pour adapter, si besoin est, la décision initiale, et ils doivent rendre compte de l'avancée de la mise en œuvre. Heureusement, ils peuvent parfois compter sur l'inertie des organisations pour ne pas s'engager dans une impasse simplement parce que le responsable en a décidé ainsi.

Une grande compagnie aérienne pour laquelle j'ai travaillé s'est trouvée un jour en grande difficulté. Le président décida alors de faire des gains de productivité dans tous les secteurs. Ces gains furent remarquables au fret, faisant de la compagnie une des plus performantes du secteur. Et pourtant les pertes se sont accentuées, causées en particulier par le départ d'un certain nombre de clients, donnant le sentiment d'un tonneau des Danaïdes : les pertes semblaient suivre la même courbe que les gains de productivité. La situation devenant intenable, ce responsable décida d'en appeler à la contribution de tous pour éviter une faillite désastreuse. Aucun des agents du fret ne comprit ni n'accepta cette décision et, comme toujours dans un tel cas, les rumeurs les plus folles commencèrent à se répandre : détournement de fonds, chiffres trafiqués, etc. En fin de compte, la compagnie « explosa » dans des grèves et des occupations très dures et il fallut changer l'équipe de direction.

Que s'était-il passé ? La décision de gagner en productivité était sans doute justifiée. Mais comme le dirait une expression populaire, elle avait été prise « en chambre », sans connaissance sérieuse de ses implications « systémiques » sur le travail de tous ceux qui participent au chargement et au déchargement des avions. C'est pourtant une donnée bien connue de la vie des organisations : faire des gains de productivité physique à modes de fonctionnement équivalents amène mécaniquement à une détérioration de la qualité. Nous sommes à nouveau dans la partie gauche du tableau : la rationalité économique suffit à prendre une décision indiscutable même si, on le voit, l'organisation s'autorise elle-même à la discuter. Les moyens pour améliorer la productivité du fret ne sont pas entrés en ligne de compte. La décision était « juste », elle devait être appliquée. Plus tard, la compagnie comprit le mécanisme à l'œuvre : la productivité gagnée au fret ne pouvait porter ses fruits que si les caristes assurant le transport des marchandises changeaient eux-mêmes leurs méthodes de travail. Il ne sert pas à grand-chose de décharger rapidement et avec une main-d'œuvre réduite un gros porteur si son contenu n'est pas livré aussi vite que possible à des clients pressés qui n'entendent pas faire les frais de l'opération.

Cet exemple amène à tirer deux leçons : une décision a été prise sur un modèle de rationalité unique, sans investissement préalable dans la connaissance. Le but à atteindre a constitué le seul élément pris en compte. Dans ce contexte, les salariés n'ont pas compris des décisions dont ils voyaient tous les jours qu'elles n'apportaient pas les résultats escomptés. En fin de compte, personne ne sachant quel était le problème, personne ne pouvait accepter la solution. Voilà une autre loi d'airain des organisations : moins les acteurs comprennent ce qu'est le problème, plus ils combattent les solutions. Le raisonnement exclusif sur les finalités conduit à ce type de situation. La deuxième leçon porte sur l'interprétation donnée par certains responsables, y compris politiques, aux mouvements sociaux parfois violents qui ont accompagné ces décisions. Ils les ont attribués à des caractéristiques extérieures à la compagnie : différents services auraient été « noyautés » par des gauchistes et autres groupes radicaux. Cela dura jusqu'à ce qu'un des responsables fît remarquer que, derrière les gauchistes, il y avait sans doute aussi des problèmes. Les gauchistes, c'est l'anecdote ; la non-prise en compte des effets induits par chaque décision, l'incapacité à « intégrer » ces décisions, c'est le problème.

Un raisonnement sur les moyens conduit à une démarche très différente et en tout premier lieu à sortir de la « solitude du dirigeant » dont ils se plaignent amèrement. Et en effet, si l'on considère que l'intelligence est une sorte de denrée rare réservée à une élite et que l'on fait soi-même partie de cette élite, on a de grandes chances d'être isolé. Mais dès lors qu'on accepte de prendre ses décisions en fonction non seulement des nécessités, mais aussi des possibilités, on sort *de facto* de l'isolement. Pour prendre en compte la réalité, on va devoir impliquer le plus d'acteurs possible dans l'élaboration de la décision. Je n'ignore pas que, dans un pays comme la France, lesdites élites se plaignent que ceux qui participent aux décisions sont déjà trop nombreux. J'en conclus que le dirigeant « solitaire » est celui qui s'isole de lui-même. Et pourtant, une décision raisonnée doit s'appuyer sur une connaissance assez fine de la réalité permettant d'anticiper les possibilités et les obstacles. Cette démarche permet de faire la part des choses entre ce qui est souhaitable ou nécessaire et ce qui est possible. Elle permet aussi de faire d'une pierre deux coups.

D'une part, la collecte et l'analyse des données qui conduisent à une décision s'effectuent à partir d'entretiens réalisés auprès d'acteurs concernés. Le résultat de ce travail, s'il leur est communiqué, permet de s'assurer que tous les acteurs partagent la même compréhension de la nature réelle et profonde du problème. Cela nécessite, de la part du dirigeant, le courage nécessaire au partage. Ce n'est pas le modèle le plus répandu. La crainte de trop en dire, de déclencher des réactions incontrôlables, de donner des armes aux opposants conduit les dirigeants à une prudence excessive dès lors qu'il s'agit de mettre clairement sur la table les éléments d'un problème. Il faut le plus souvent une situation de crise extrême pour qu'ils se résolvent à prendre ce risque. C'est regrettable car l'expérience montre que la communication honnête de ces données est vécue comme une marque de confiance et comme la preuve d'une écoute sérieuse. Les acteurs peuvent alors discuter du fond avec suffisamment de transparence – sans naïveté – pour éviter les interminables discussions sur les anecdotes et les procès d'intention.

D'autre part, elle permet d'associer les acteurs concernés à la recherche de solutions, ce qui donnera à ces dernières une forte légitimité. On se souvient de l'exemple de la banque étudié dans un chapitre précédent : le pouvoir considérable détenu par des conseillers de clientèle conduisait la banque vers une situation difficile. Lorsque les mécanismes complexes à l'origine des difficultés ont été mis en évidence, les résultats ont été communiqués aux intéressés eux-mêmes. Ils les ont d'autant mieux acceptés que leur bonne volonté ou leur dévouement n'était pas mis en cause. En outre, cela a permis de les associer à la recherche de solutions, exercice dans lequel ils ont démontré une créativité d'autant plus appréciable qu'elle s'appuyait sur une connaissance intime des arrangements quotidiens. Cela n'a pas conduit à choisir les meilleures solutions, mais à définir d'autres façons de faire acceptables par toutes les parties concernées.

La démarche fut la même dans la compagnie aérienne évoquée plus haut. Plutôt que de chercher à tout résoudre à la fois par des solutions d'un apparent bon sens, des groupes ont été constitués pour travailler sur les « moments clés » de la vie de l'entreprise. Dans ces groupes ont été réunis des acteurs effectivement impliqués dans le sujet à traiter et non pas ceux qu'il aurait été « politiquement » astucieux d'y mettre. Ils ont travaillé et proposé des solutions parfois innovantes. Cela n'implique pas que toutes aient été acceptées ni mises en œuvre. Mais celles qui l'ont été correspondaient à une connaissance effective et concrète de la réalité. Elles constituaient des solutions du possible, élaborées en connaissance de cause par les acteurs concernés et acceptées par un dirigeant plus entouré qu'isolé, en charge de faire les choix définitifs. L'avancée des travaux était suivie de près et diffusée par un journal spécialement créé à cet effet. Jamais la compagnie n'avait connu un tel fourmillement ni une telle créativité. Jamais autant de personnes jusque-là inconnues n'étaient « sorties du rang » et n'avaient pu révéler des qualités qu'un fonctionnement routinier et bureaucratique ne pouvait qu'étouffer[1].

J'ai parlé de « courage » et je m'interroge sur le bien-fondé de cette interprétation. Qu'est-ce qui permet d'avoir ce courage ? Des qualités individuelles bien sûr et les expériences de la vie sans doute. Ce sont là des exceptions, du moins me semble-t-il, si l'on garde présent à l'esprit le volume de décisions que des responsables de tout niveau ont à prendre quotidiennement.

En revanche, une solide culture sur le fonctionnement des organisations, sur les méthodologies qui permettent de mettre au jour des mécanismes complexes, ouvre sans nul doute des possibilités d'action plus variées que la simple connaissance technique de ce

1. Voir le compte rendu fait par le *Financial Times* de cette opération : John Reading, « Tough Schedule for take-off », *Financial Times*, 16 janvier 1995.

qu'il « faudrait faire ». Elle pourrait de ce fait constituer une aide précieuse pour le plus grand nombre, sans doute plus appropriée que les « recettes volontaristes » qui s'appliquent à toutes les situations, sauf à celles auxquelles on doit soi-même faire face[1].

La difficile question de la mise en œuvre

« *Garbage in, garbage out*[2] », disent les Anglo-Saxons : dans la mise en œuvre, comme dans la décision elle-même, c'est l'amont qui conditionne la difficulté de l'aval. Les décisions prises en petit comité sur une rationalité technique ou financière qui devrait s'imposer à tout le monde ne sont pas, c'est évident, les plus faciles à mettre en œuvre. Elles s'appuient sur une division du travail stricte entre celui qui décide et celui qui applique. Cette division permet au responsable de s'exempter du raisonnement sur le « possible » et de concentrer son attention sur le souhaitable, en faisant fi d'un paradoxe ignoré par la rhétorique managériale : la prise de décision n'est pas la phase la plus difficile, tant s'en faut. La mise en œuvre l'est bien davantage.

En restant dans la partie gauche du tableau et donc en ne se souciant pas de la difficulté de la mise en œuvre, le dirigeant l'aggrave. Il ajoute à l'épreuve de ceux qui vont devoir faire ce qui a été dit. De plus, compte tenu de la complexité des choix à faire, de la multiplicité des variables à prendre en compte, des

1. À titre d'exemple, je mets dans cette catégorie les huit étapes d'un processus de changement proposées par Kotter. Voir John P. Kotter, *Leading Change*, Harvard, Harvard Business Review Press, 2012.

2. Ce qui pourrait se traduire par « ordures à l'entrée, ordures à la sortie ». Cette expression est souvent abrégée sous le sigle « GIGO ».

alternatives possibles, il pourra toujours justifier son choix par le souci d'éviter des échecs, certes toujours possibles mais invérifiables. La pauvreté des outils d'analyse proposés dans les formations au management conduit tout droit à ce « pile ou face » sous couvert d'un scientisme de pacotille.

C'est donc la phase la plus difficile qui est sous-traitée. On est là dans une constante de la vie des organisations dont les pratiques sont en permanence à l'opposé de leurs discours : tout comme on s'extrait du contact direct avec le client dès que la possibilité en est donnée tout en faisant de lui la référence sublimée, on se retire de l'application d'une décision au motif qu'ayant été prise sur des données scientifiques, elle ne saurait être difficile à mettre en œuvre. Ce serait juste une affaire de rigueur. Bon vieux taylorisme toujours là pour les tours de passe-passe ! Pour être encore plus direct et porter le fer où il doit l'être, dans toutes les études que nous menons nous voyons le dirigeant « disparaître » en tant qu'acteur actif dès que sa décision a été prise et communiquée « pour action ». Il ne se mêle jamais des conflits inévitables qui ne tardent pas à surgir et regarde du haut de l'Aventin l'agitation désordonnée qu'il a lui-même provoquée.

Je me souviens d'un épisode vécu dans une entreprise aux activités à la fois diversifiées et complémentaires. Pour une raison sans doute justifiée, le directeur financier proposa au président que le groupe fixe les règles régissant les « prix de cessions internes ». C'est une question technique, compliquée et très politique : l'enjeu est important pour les patrons opérationnels qui préfèrent toujours avoir le choix de leurs fournisseurs, sans prix imposé venant brider leur capacité de négociation avec d'éventuels fournisseurs externes. Leur choix les porte vers une mise en concurrence de toutes les possibilités d'achat. Le dirigeant quant à lui souhaite trouver un juste équilibre qui préserve certes la liberté des opérationnels, mais aussi les intérêts du groupe dont il a la charge.

Dans le cas qui nous occupe, des travaux importants furent entrepris par la direction financière pour arriver à des solutions satisfaisantes pour le groupe. Elles étaient réputées ne pas faire peser de contraintes supplémentaires sur les opérationnels et le niveau de performances exigé d'eux, dont les achats sont une composante essentielle. Tout le monde savait que ces travaux étaient en cours, mais ils étaient menés dans la plus grande discrétion pour que personne ne puisse tenter d'en influencer les résultats. Lorsqu'ils furent enfin dévoilés et que se posa la question de leur application, on assista à une véritable – et prévisible – levée de boucliers. Chacun dénonça leur « élaboration en chambre », leur inadaptation aux réalités du « terrain » et leurs contradictions avec les contraintes financières que le groupe faisait peser sur les opérations.

Une étude fut rapidement lancée pour calmer l'énervement. Elle montra que cette question se posait depuis longtemps. Faute d'un cadre contraignant, les acteurs locaux avaient élaboré leurs propres règles ou façons de faire qu'ils utilisaient à la satisfaction générale. L'analyse financière montra que ces pratiques ne pénalisaient en rien les résultats du groupe. On mesure alors l'économie de temps et d'énergie qu'aurait permise une connaissance préalable des pratiques réelles mises au point de façon empirique par les acteurs locaux. Comme toujours, ces pratiques se révélèrent plus inventives, plus simples et plus efficaces que celles proposées par la direction financière qui n'apporta que quelques corrections à la marge.

Ce rapide exemple permet de tirer une conclusion capitale pour la vie des organisations : en apparence, on pourrait simplement en conclure qu'il aurait fallu « écouter » le terrain, s'appuyer sur les pratiques locales, ne pas chercher à imposer un système « intégré », le même pour tout le monde. Quoi qu'on en dise, le modèle centralisé semble répondre davantage à une préoccupation esthétique qu'à un souci d'efficacité. Tout cela est vrai. Alors pourquoi ne pratique-t-on ainsi que très rarement ? Sans doute parce que l'on agit en fonction des connaissances dont on dispose et des savoir-faire acquis au long de sa vie professionnelle. L'absence d'une culture privilégiant la reconnaissance effective et pas seulement verbale de la complexité, le manque d'outils permettant la compréhension et la maîtrise au moins partielle de cette complexité, mais aussi la très faible sensibilité à ces disciplines axées sur un raisonnement qui n'est pas binaire et simplificateur, tout cela conduit à privilégier une seule rationalité qui doit s'imposer à tous.

On écoute d'une oreille plus ou moins attentive ceux qui prétendent qu'il y a d'autres facteurs à prendre en compte, mais il y a des fonctions spécialement créées pour s'en occuper. Je vais choquer le lecteur en rapportant ce propos du patron d'une grande société de conseil qui me dit un jour en riant : « On fait appel à toi pour la vaseline. »

De la difficulté d'accepter l'aléa

« Ce qui est dit est fait », la formule titre de ce chapitre pourrait maintenant devenir : « Ce qui est mal dit est loin d'être fait. » Les entreprises s'en rendent compte et cèdent à la tentation de substituer à l'effort de connaissance un appel à des qualités individuelles mal définies, rassemblées sous l'appellation toujours aussi vague de « leadership ». Si on voulait lire tout ce qui a été publié autour de ce mot, il faudrait faire comme le héros de Sartre dans *Les Chemins de la liberté* : il souhaitait lire tout ce qui avait été écrit. Il se rendit à la bibliothèque, commença par la lettre A et abandonna l'expérience lorsqu'il comprit que sa vie n'y suffirait pas. Pourquoi ce succès du « leadership » ? Sans doute parce qu'il est « excitant ». Certes il ne ramène pas à l'Homme, n'exagérons rien, mais à l'individu. C'est déjà beaucoup pour un univers de cadres qui vend sur le marché du travail sa spécificité là où d'autres, plus modestes, proposent leur substituabilité. Émerge ainsi dans et pour cette population une rhétorique ouvrant l'espoir aux meilleurs de passer de « manager » à « leader ». Dans la première catégorie, les spécialistes : même s'ils sont cadres, ils ne managent pas beaucoup tant, au fil du temps, la proportion des cadres qui « encadrent » s'est réduite au profit des spécialistes en question. Plus haut dans les ordres de noblesse se trouvent les leaders, ceux dont les qualités individuelles doivent compenser les défaillances organisationnelles et réussir à maîtriser cette complexité qui contrarie la bonne exécution de ce qui fut décidé.

C'est bien ce que montrent les qualités qu'on leur prête : une vision, une capacité à prendre des décisions, à entraîner les autres, de l'intégrité, du respect et j'en passe : même Prévert n'aurait pu imaginer un tel inventaire. Des noms sont cités qui en représentent les figures tutélaires. On étudie avec respect et minutie ce qu'ils ont fait et comment ils l'ont fait, eux qui, si l'on en croit les cas proposés dans les *business schools*, se posent toujours la bonne question le matin, en se rasant ou devant une tasse de café. En vérité se répète ici ce qui a déjà été observé pour les chefs de projet : l'absence d'une connaissance même partielle de ce qu'est le pouvoir dans la vie collective les oblige à compenser une conception erronée de leurs fonctions par une activité « politique » dans laquelle la plupart s'épuisent. L'erreur se répète dans la mise en œuvre des décisions : l'absence de prise en compte de la complexité dans laquelle les décisions doivent être mises en œuvre fait que l'on attend des individus qu'ils compensent ce déficit par leurs qualités personnelles. La démarche est bien la même et produit les mêmes effets chez ceux qui ne seront jamais les leaders espérés : la souffrance, le découragement et la perte d'estime de soi. Les dégâts sont plus qu'apparents et cependant ignorés. On le voit, l'absence de culture des uns génère la souffrance des autres.

Plus généralement, la nébuleuse que l'on appelle le « management » produit des mythes destinés à compenser le grave manque de culture de ce milieu. À ce point du constat, l'interrogation ne doit pas seulement porter sur la formation des managers. Ce travail a été fait depuis longtemps sans que les avertissements répétés aient été entendus. Sans doute ceux qui gèrent les écoles et élaborent les programmes ont-ils d'autres enjeux : je me souviens d'avoir enseigné la sociologie de l'administration à l'ENA. L'expérience a fait long feu : la direction des études a reproché à ces enseignements de donner une vision trop pessimiste de la vie administrative et j'avoue qu'optimisme et pessimisme ne sont pas des concepts sociologiques.

La difficulté la plus grave tient à l'imperméabilité des entreprises aux résultats de travaux qui les obligeraient à anticiper plutôt qu'à réagir. Dans ce domaine également, la rhétorique managériale est prise en défaut. Le verbe privilégie l'anticipation et magnifie le « gouverner c'est prévoir » d'Émile de Girardin. La réalité est tout autre : la logique dominante consiste à ne résoudre que les problèmes qui se posent. Évoquer ce qui pourrait advenir si…, c'est créer des problèmes là où il n'y en a pas. Et dans les entreprises, les problèmes ont mauvaise réputation, comme le montre ce qu'elles appellent parfois le « syndrome de la pastèque », vert à l'extérieur mais rouge dedans. Chacun prétend que tous les indicateurs sont au vert jusqu'à l'ouverture du fruit où le rouge submerge tout. Entre-temps, on a vécu.

Or travailler sur le possible, investir dans la connaissance, c'est utiliser le savoir existant mais aussi les méthodes qui ont permis son élaboration pour se construire le sien propre. Cela a du sens si l'on souhaite anticiper et donc s'astreindre à une réflexion différente, plus complexe et plus modeste sur l'action. Mais les bénéfices induits ne se concrétisent pas dans l'instant, et personne ne pourra démontrer que cette démarche les a rendus possibles. En revanche, les suggérer complique la tâche au moment où la décision doit être prise. Le bénéfice du doute ne joue pas souvent en leur faveur.

Handicap supplémentaire, décider sur une logique de moyens conduit à accepter d'emblée l'aléa des résultats obtenus et donc à n'être pas très sûr de la destination finale. À l'inverse, s'appuyer sur une logique réputée indiscutable rejette l'aléa dans le péché managérial[1]. Dans ce second cas, on évaluera les résultats obtenus par rapport aux objectifs initiaux et rien d'autre. Ce sera blanc ou noir, bien ou mal. Dans la première hypothèse en revanche, l'aléa suppose que le processus conduisant à la décision et dictant la mise en œuvre fasse apparaître des opportunités. Ce n'est pas surprenant dans la mesure où cette démarche peut se comparer au déroulement d'une négociation dont on sait qu'il génère ses propres objectifs intermédiaires. Si cette possibilité est acceptée, l'évaluation sera différente. Elle portera sur les résultats réels obtenus, marginalement comparés aux objectifs initiaux qui n'auront servi que de point de départ. Tout en y participant, j'ai admiré la démarche de cette grande entreprise de matériaux de construction. Elle a lancé un grand projet sous l'appellation en

1. On est parfois surpris par l'obsession frénétique de la perfection qui règne dans les entreprises et qui fait peser sur les individus une pression cumulative (chacun en « rajoute ») jusqu'à l'intolérable. Mais c'est une obsession qui porte bien plus sur les moyens utilisés que sur les résultats obtenus, et l'empilage des procédures n'y est pas pour rien.

apparence banale dans ce milieu de « *leader for tomorrow* ». À ceux qui ont questionné le sens précis de cette expression ou se sont interrogés sur l'objectif de la démarche, il fut répondu que ça n'avait pas d'importance et qu'on verrait bien. Chaque partie de l'organisation s'est donc approprié le thème, lui a donné un sens particulier et a commencé à travailler. Tout cela a produit une mobilisation générale et a fait surgir une créativité que l'impérialisme hiérarchique aurait sans doute crainte comme la peste. Mais les dirigeants s'en sont accommodés et le résultat final fut apprécié d'autant plus pour ce qu'il était qu'il n'y avait pas d'objectifs clairs auxquels se référer. Je ne suis pas certain que cela correspondait aux canons du management tels qu'ils sont enseignés dans les bonnes écoles. C'est sans doute inquiétant, mais ça l'est surtout pour ces bonnes écoles.

CHAPITRE VI

L'appel à la confiance

La coercition comme mode de management a échoué. Elle a pourtant derrière elle une longue tradition de non-confiance envers des salariés dont les marges de manœuvre doivent toujours être contrôlées voire réduites par l'arsenal d'outils coercitifs, produits de l'inventivité des organisations. Organigrammes et règles scientifiques ont joué ce rôle au temps du taylorisme triomphant ; l'importance de la hiérarchie s'est renforcée lorsque les militaires sont arrivés en nombre dans les entreprises à l'issue de la Seconde Guerre mondiale, selon la thèse de Robert Reich[1] ; et au début du XXIe siècle, l'hyper-standardisation, résultant de la multiplication des contrôles et des indicateurs, s'est vu confier cette même fonction d'assurer la conformité des comportements avec ce qui a été décidé et ne peut être discuté. La « *compliance*[2] » disent les Anglo-Saxons.

Il faut souligner l'aggravation de cette tendance depuis le début de ce siècle, provoquée sans doute par l'interminable « crise » dans laquelle un certain nombre de pays développés sont engagés. L'économie y est devenue de plus en plus chaotique et imprévisible. La conséquence de ce chaos sur les

1. Robert Reich, *The Work of Nations : Preparing Ourselves for the 21st Century Capitalism*, Vintage Publisher, 1992.

2. « Conformité » serait sans doute la traduction la plus proche, sans restituer totalement le contenu quasi juridique du terme anglais.

relations employeurs/salariés n'a pas tardé à se faire sentir à travers la remise en cause du travail protecteur, caractéristique des périodes précédentes qui rendait à peu près acceptables les systèmes de contraintes inhérents au taylorisme. Là où l'employeur pouvait offrir des conditions *du* travail très avantageuses, appelées « autonomie[1] » et donc protectrices face aux clients et aux collègues, les salariés répondaient par un engagement, une fidélité et une loyauté faisant dire à ceux qui ne comprenaient pas cet accord implicite que les Français étaient peu enclins à la mobilité. N'oublions pas que, à sa création, l'ANPE (Agence nationale pour l'emploi) n'avait pas pour mission de « placer » des chômeurs qui seraient arrivés en masse dans ses locaux. Sa feuille de route était de favoriser la mobilité des salariés.

La remise en cause de la protection[2] a entraîné celle de l'engagement. Les salariés ont commencé à désinvestir le travail, les nouveaux entrants en particulier. La découverte de cette réalité a conduit des politiques jusque-là indifférents à la question du travail à s'interroger gravement sur l'affaiblissement de la « valeur travail ». Nous voilà donc revenus à la question des valeurs : les politiques pas plus que les dirigeants n'ont compris que la valeur était un résultat, pas une cause. Ce qui s'était détérioré dans ce cas précis, ce n'était pas une abstraite « valeur travail », mais le travail lui-même, entraînant dans sa chute la valeur qui est supposée lui être liée. Rien à voir non plus avec l'arrivée sur le marché de nouvelles générations moins courageuses que les précédentes, si ce n'est que ces nouveaux arrivants avaient vu

1. Le travail en « silos » en fait.

2. Il faut rappeler que nous parlons de la protection offerte par les conditions du travail. Il ne s'agit pas de la protection de l'emploi. La confusion qui se produit souvent est compréhensible dans un pays qui a un taux de chômage élevé endémique. Dans un tel cas, l'emploi masque le travail.

la situation de leurs parents se détériorer, avaient assisté à la montée de la souffrance et du désarroi et savaient ainsi à quoi s'en tenir quant à ce qui les attendait. On comprend que les sentencieuses leçons de morale dispensées par des politiciens éloignés de ces réalités aient eu peu de chances d'inverser la tendance. Elle ne s'inversa pas en effet.

Les conséquences du retrait du travail

Il faut s'entendre sur le sens de l'expression « retrait du travail ». Il ne s'agit pas d'un retrait en temps, d'une tentative sournoise d'arriver toujours plus tard et de partir toujours plus tôt. Même si les statistiques de l'OCDE confirment que le temps effectif de travail diminue pour toutes les catégories de salariés et ce, dans tous les pays développés, ce n'est pas la menace la plus sérieuse qui guette les entreprises. Moins directement perceptible mais beaucoup plus pénalisant est le désinvestissement émotionnel du travail, celui qui conduit à « y mettre peu de soi-même » et à donner la priorité à des investissements alternatifs. Pour les entreprises, ce fut une découverte traumatisante et, au début au moins, incompréhensible : alors que l'emploi ne cesse de se dégrader, que les contrats proposés aux salariés sont de plus en plus précaires, que l'État doit légiférer pour que les stagiaires ne constituent pas une forme officieuse d'esclavage moderne, malgré tous ces facteurs qui devraient leur donner un avantage décisif, les entreprises ont à affronter un marché concurrentiel dès lors qu'il s'agit d'obtenir l'investissement de leurs salariés. Et sur ce marché, elles peinent à faire valoir un avantage compétitif.

Dans un tel contexte, la confiance qui pouvait parfois unir patrons et salariés s'estompe d'autant plus que les discours omettent soigneusement de parler de cette réalité quotidienne. Et ce n'est pas la disparition progressive des créateurs-patrons-propriétaires identifiables au profit de fonds d'investissement dont la seule logique est par nature la rentabilité qui peut améliorer les choses. Lors des débats sur la rémunération des patrons, ce ne sont pas les créateurs ou leurs descendants-successeurs encore en poste qui sont attaqués. Ce sont des dirigeants, en fait des cadres supérieurs, sans la légitimité entrepreneuriale des premiers. Ils représentent des propriétaires invisibles et inidentifiables dont ils jouent le jeu quelles qu'en soient les conséquences. Le paternalisme encore subsistant au XXe siècle est loin et, lorsqu'il perdure, il doit vite s'effacer devant les « professionnels » du management qui vont « rationaliser » la gestion. La confiance entre salariés et dirigeants ne peut plus être la même et le passéisme romantique n'y changera rien, je vais y revenir.

Ces gestionnaires ont donc dû prendre en charge une situation difficile et d'autant plus imprévue que l'inculture ambiante ne leur avait pas permis de prêter attention aux avertissements lancés par des spécialistes d'origines diverses. Ils ont bien perçu que le travail se dégradait, mais dans leur esprit l'état du marché rendait cette contrainte compréhensible et acceptable par tous. Le bon sens l'emporterait et cette dégradation resterait sans conséquence. La rhétorique de l'intérêt général a repris le dessus et amené à considérer que les plus conscients, les « meilleurs » parviendraient à convaincre les autres que « le monde avait changé » et que l'offre de travail ne pouvait plus être aussi avantageuse qu'elle avait pu l'être par le passé. Cela n'a pas empêché l'investissement de s'estomper sous toutes les formes rendues possibles par l'intelligence humaine, au moment même où il devenait, pour les entreprises, un facteur clé de succès. Que faire ?

Le recours à la coercition

Face à ces situations, l'histoire montre que l'imagination est limitée. Le poids des contraintes ne pousse pas à l'innovation ni à la prise de risque. Les entreprises se sont donc tournées vers ce qu'elles connaissaient déjà, le recours à la contrainte non dite, mais bien comprise comme telle par les salariés. On est donc entré dans une phase de rationalisation des modes de gestion. Pour « dégager des synergies[1] », « optimiser les ressources », parvenir à une meilleure « intégration », une batterie d'outils sans originalité a été utilisée. Tous renvoient à nouveau au vieux rêve de Taylor ou d'Henri Fayol de règles et de procédures qui ne peuvent qu'être acceptées quand elles sont justes, scientifiques si possible, et qu'elles renvoient à une nécessité reconnue par tous.

C'est un déluge de *process*, d'indicateurs de performance et de techniques de *reporting* qui s'est abattu sur les entreprises et leurs salariés. Tout devait être sous contrôle : les façons de faire, y compris les gestes les plus simples ; tout devait être mesuré, que ce soit la performance individuelle par les « KPIs[2] » ou collective par la multiplication des instances en charge du contrôle de gestion. J'ai le souvenir de cette grande banque dans laquelle le président s'est un jour inquiété de ne pas obtenir de chiffres fiables, alors que la mise en place de procédures pour s'assurer de cette fiabilité avait constitué une priorité des trois années précédentes. Le message avait été bien compris, trop bien compris comme le montra l'investigation menée pour comprendre cette dérive. Chaque département, chaque service, chaque entité s'était

1. En langage managérial, cela veut dire réduire le nombre de postes de travail.
2. Key Performance Indicators. Indicateurs de performance.

créé son propre contrôle de gestion et y faisait apparaître ce qu'il était souhaitable qu'il y apparût. La consolidation s'avérait donc difficile et peu crédible.

C'est ce qui s'est passé un peu partout. Une véritable course à l'échalote s'est engagée pour être le meilleur dans ce qui était devenu le « référentiel dominant ». Des cadres se sont retrouvés avec un nombre impressionnant d'indicateurs de performance, bien entendu impossibles à satisfaire tant ils se révélaient contradictoires les uns par rapport aux autres. On a créé des *process* à la moindre occasion. Dès qu'un sujet est abordé, la question jaillit : « existe-t-il un *process* ? » Une réponse négative conduit son auteur à la limite de la faute professionnelle. Aujourd'hui, quelques entreprises commencent à s'interroger sur un possible retour à la simplicité. « Détricoter » ce maillage complexe sera aussi compliqué que l'est aujourd'hui le détricotage des grosses bureaucraties étatiques.

On ne peut d'ailleurs qu'être frappé par le mimétisme que l'administration a exercé sur les entreprises. La rhétorique managériale arrogante postule que ce sont les administrations qui devraient chercher à rapprocher leurs modes de gestion de ceux du secteur marchand. Il est réputé plus souple, plus efficace, plus réactif, plus tout en quelque sorte. Et pourtant, dans la phase que je suis en train de décrire et qui est sans doute loin d'être terminée ou même d'avoir atteint son apogée, c'est l'inverse qui est observé. Les entreprises donnent le sentiment d'effectuer un formidable bond… en arrière ! Elles redécouvrent les vertus prêtées à la bureaucratie par Max Weber, l'égalité de traitement en moins. Elles auront sans doute moins de mal à s'en défaire n'étant pas aussi contraintes que les bureaucraties publiques par les règles de gestion du personnel, mais du coup elles risquent de le faire avec un coût humain important. On l'a déjà observé dans un certain nombre d'entre elles.

Continuons la comparaison : tout comme dans le secteur public, cette coercition qui ne dit pas son nom n'atteint aucun de ses objectifs, bien au contraire. Sans doute faut-il inlassablement le répéter et je m'en excuse auprès du lecteur attentif : cette multiplication des outils parfois à l'infini, parfois poussée jusqu'au ridicule, contribue à l'inversion de la relation de pouvoir entre celui qui les émet et celui qui doit les appliquer. Elle ouvre aux acteurs locaux le choix entre deux stratégies : soit se protéger en faisant les choses comme prévu dans les procédures, sans se soucier de la qualité ou de la validité du résultat obtenu. Dans ce cas, l'entreprise paie le prix de l'importance donnée au « comment » au détriment d'un jugement porté sur le résultat ; soit « jouer » avec cet ensemble d'outils inapplicables et se reconstituer ainsi les marges d'autonomie que les nouvelles formes d'organisation du travail avaient remises en cause.

Il faut à nouveau souligner l'importance tenue par le raisonnement linéaire dominant dans ce qui est aujourd'hui une sorte de naufrage managérial et parfois humain. Dès qu'apparaît sur le « marché du management » une nouvelle façon de faire, elle s'impose à tous sans plus de réflexion. Non seulement on ne réfléchit pas plus avant au bien-fondé de ces nouveaux principes d'action et à leurs éventuels effets induits, mais chacun « en rajoute » avec l'aide active des prosélytes de la confusion mentale. On fait comme si rien n'avait existé avant dont on aurait pu tirer quelques expériences utiles. Les acquis des sciences sociales sont balayés d'un revers de main, rejetés au musée des antiquités dans un irrépressible mouvement de régression intellectuelle.

Qu'on me permette de citer cette brève « anecdote » qui illustre cette inculture profonde et parfois fière de l'être. J'enseignais pour une grande entreprise internationale les raisonnements et les outils de la sociologie des organisations. Pour les illustrer, j'utilisais, comme bon nombre de mes collègues, un cas tiré de l'étude menée par Michel Crozier dans les ateliers de la Seita. Ce cas est une illustration lumineuse et bien entendu intemporelle du concept de pouvoir au même titre que l'allégorie de la caverne développée par Platon dans le livre VII de *La République* illustre pour toujours la difficulté des hommes à accéder à la connaissance de la réalité et à la transmettre. Le responsable du programme vint me voir et me dit d'un air ennuyé que ce cas était jugé trop ancien par les participants. Quelque temps plus tard, je partis enseigner l'analyse stratégique à l'Université de Californie et je décidai d'utiliser le même cas. Je pris juste une précaution : le délocaliser dans le temps et dans l'espace. Il devint ainsi l'histoire d'une manufacture du Wisconsin étudiée l'année précédente. Lors de l'évaluation finale, les participants, tous des cadres d'un bon niveau, soulignèrent que ce cas leur avait appris beaucoup et qu'il constituait la partie la plus intéressante de la session. On comprend comment la « modernité » d'une pratique peut surpasser toute autre réflexion sur cette pratique. C'est ce qui s'est passé avec le prétendu mouvement de « rationalisation de la gestion ».

À ce stade, on peut décrire le cercle vicieux dans lequel les entreprises se sont enfermées et dont certaines cherchent à s'extraire : les nouvelles formes d'organisation du travail ont généré de la souffrance et amené les salariés, dont les cadres, à développer des formes de retrait du travail ; les entreprises ont cru trouver une réponse dans la coercition par les règles (ici utilisées comme un terme générique) ; comme cela était prévisible, elles n'ont pas obtenu ce qu'elles cherchaient. Bien au contraire, elles ont perdu le contrôle de tout ou partie de leurs opérations (difficultés à contrôler « l'exécution ») et sont devenues d'autant plus manipulables que ce qu'elles émettaient se révélait contradictoire et inapplicable.

La confiance peut-elle permettre de sortir de ce cercle vicieux ?

Les plus avancées d'entre elles recherchent donc une alternative à la coercition. Ni le discours du bon sens, ni la conviction, ni l'appel aux valeurs ne peuvent jouer ce rôle : tous ont montré leur inefficacité dès lors qu'ils ne s'appuyaient pas sur une connaissance solide de la réalité des acteurs. Les entreprises n'ont pas accepté, jusque-là, l'investissement intellectuel qui aurait sans doute permis d'obtenir de meilleurs résultats et contenu le cynisme qui fait aujourd'hui des ravages dans ces organisations.

Qu'en sera-t-il de la confiance qui émerge comme une possible « nouvelle donne » du management ? L'honnêteté oblige à dire que les dirigeants eux-mêmes ne s'engagent dans cette voie qu'avec beaucoup de prudence. Ils ont, pour le moment, beaucoup de difficulté à concrétiser ce qui se cache derrière ce thème et en quoi une idée aussi vague pourrait pallier le désengagement des salariés. Pour y voir plus clair, je vais essayer d'analyser les conditions complexes qui rendent possible la confiance au travail, ce qu'elle est susceptible d'apporter à la « performance », souci majeur des dirigeants, et comment elle peut réduire la souffrance au travail qui induit les comportements de retrait.

On ne peut discuter de cette question sans y ajouter une touche macrosociologique. Il a été maintes fois souligné – et à des époques différentes, ce qui prouve que la situation ne s'améliore pas – à quel point la France est une société de défiance et le handicap que cela représente pour le développement économique du pays. Alain Peyrefitte, en son temps, a démontré que la France avait érigé la défiance en principe de gouvernement. L'administration publique constituant l'épine dorsale du pays d'une part et ses élites irriguant régulièrement le secteur privé d'autre part, on comprend comment cette « société de défiance » s'est répandue dans l'ensemble du corps social. Le pays est donc engagé dans un jeu perdant/perdant dont il a bien du mal à sortir. Et pourtant, soulignait Alain Peyrefitte, la confiance favorise l'innovation, la mobilité, l'initiative[1].

Plus récemment, les économistes se sont emparés de la question et ne disent pas autre chose. Ils vont même plus loin, en mesurant les effets concrets de cette méfiance et en effectuant des comparaisons internationales édifiantes. Ils confirment l'argument de Peyrefitte du « troisième facteur » décisif à côté du travail et du capital[2]. Par comparaison, la vie quotidienne aux États-Unis permet de voir ce qu'est une société de confiance, qui a peu à voir avec l'image que le feuilleton *Dallas* en a donné à des Français à la fois horrifiés et fascinés. Mais la comparaison avec les États-Unis et un exemple simple vont permettre d'aborder la notion de « règle du jeu » dans la construction de relations de confiance, sur laquelle nous aurons à revenir.

Le conducteur européen est toujours surpris lorsqu'il arrive à un croisement sans feux tricolores, mais avec quatre panneaux « stop » qui enjoignent à chacun de s'arrêter. Il lui faut un temps d'adaptation pour comprendre qu'en effet tous les véhicules doivent « marquer le stop », chaque automobiliste passant selon l'ordre d'arrivée sur le croisement. On comprend qu'une telle pratique exige non seulement de la discipline, mais surtout de la confiance : si celle-ci n'existait pas, seuls les plus téméraires s'imposeraient aux autres et le système montrerait rapidement sa

1. Alain Peyrefitte, *La Société de confiance : Essai sur les origines et la nature du développement*, Paris, Odile Jacob, 1995.

2. Yann Algan, Pierre Cahuc et André Zylberberg, *La Fabrique de la défiance... et comment s'en sortir*, Paris, Albin Michel, 2012.

limite. Mais en réalité tout le monde se plie de bonne grâce à cette solution originale et si un conducteur tente de « jouer avec la règle » et de s'imposer par la force, il prend un risque sérieux de provoquer un accident dont la responsabilité lui sera imputée sans discussion. On pourrait multiplier les exemples montrant que nous sommes en présence d'une société dans laquelle la confiance est plus « ancrée » dans la culture qu'elle ne l'est dans la société française.

Si l'on revient à la question de la confiance au travail, il n'est pas surprenant de constater qu'elle est abordée de façon individuelle, à partir de qualités que les uns posséderaient et d'autres pas. Il en va de la confiance comme du leadership, ce sont des données personnelles qui « cliveraient » les individus et constitueraient finalement une sorte de « sélection naturelle » dans la vie des entreprises. Pour les autres, ceux de l'étage inférieur, la formation, les recettes, « la confiance pour les nuls en quelque sorte » ! Décidément, le « psychologisme » constitue la maladie infantile du management. C'est ce que propose Charles Feltman dans son très célèbre ouvrage. Il définit quatre comportements qui constituent les piliers de la confiance : la sincérité, la fiabilité, la compétence et le souci des autres[1]. Ce sont donc des qualités individuelles qui permettent la confiance. Mais alors, pourquoi celles-ci et pas d'autres ? Je me sens tout à fait autorisé à y ajouter par exemple la « prédictibilité » dont je vais montrer l'importance dans les pages qui suivent. Bref, comme dans tout catalogue, on peut ajouter les articles que l'on souhaite en fonction des évolutions de la mode : à l'image des recettes managériales, celle-ci est un phénomène collectif qui pallie le manque d'imagination individuel !

1. Charles Feltman, *The Thin Book of Trust ; an Essential Primer for Building Trust at Work*, The Book Publishing, 2008.

La dimension systémique de la confiance

Un monde sans foi ni loi ne permet pas la confiance ; un monde surréglementé non plus. Les deux se rejoignent : dans le second l'abondance et la contradiction des règles créent des situations à peu près aussi aléatoires que dans le premier qui n'en a pas. Entre les deux se situent les « règles du jeu » qui vont instituer entre les individus un degré de confiance adapté à ce qu'ils ont à faire ensemble. Je ne parle donc pas ici du mythe de la confiance absolue dans laquelle « on se dit tout », sauf ce qui est important bien évidemment.

Cette notion de règles du jeu doit être explicitée. Il ne s'agit pas de règles écrites ou codifiées, de tables de la loi immuables et intouchables qui s'imposeraient à tous dans l'harmonie dont rêvent les dirigeants. Plus modestement, on désigne ainsi la définition, par des acteurs engagés dans un travail collectif permanent ou temporaire, de ce qui est acceptable et ne l'est pas dans les relations qu'ils entretiennent. À cela s'ajoute la « sanction », généralement l'exclusion du groupe, en cas de non-respect de ces règles définies collectivement. Prenons-en quelques exemples, hors de l'entreprise d'abord dans laquelle nous reviendrons ensuite.

Le Tour de France, la plus importante compétition cycliste au monde, est très réglementé sauf en ce qui concerne la course elle-même : en théorie, on part d'un point pour arriver à un autre et ce sont les plus « costauds », ceux qui ont le rythme cardiaque le moins élevé, qui vont triompher. Le mythe est bien celui-ci qui assure un succès universel à cette épreuve. En réalité, les choses ne peuvent pas se passer ainsi. Si tel était le cas, il ne faudrait pas longtemps pour que ne restent en course que les meilleurs, ce qui pénaliserait tout le monde : les organisateurs, qui verraient ce grand spectacle se réduire comme une peau de chagrin ; les coureurs « moyens », qui ne gagneraient pas leur vie et devraient rapidement quitter ce sport ; les plus forts, qui ne sont forts que parce qu'il y a des plus faibles ; les sponsors, enfin, qui se retireraient d'une manifestation qui perdrait rapidement de son intérêt.

Ce sont donc les coureurs eux-mêmes qui ont inventé leurs propres règles du jeu qui rend cette vie collective temporaire (trois semaines) vivable et acceptable pour tous. En voici quelques-unes pour les lecteurs qui ne sont pas des assidus de la grande boucle et dont seuls les naïfs diront qu'elles dénaturent un mythique « esprit du sport » : on ne rend pas les étapes les plus dures – celles de montagne – invivables pour les plus faibles. On définit donc la durée de la « neutralisation » s'il y a lieu, et le « patron du peloton » est chargé de faire respecter la règle. On se souvient de Bernard Hinault allant « chercher » un jeune impétueux et lui infligeant une sanction pour son attaque prématurée, une gifle en l'occurrence. Le même coureur ne doit pas gagner tous les prix. Même s'il est le plus fort dans toutes les disciplines, sprint, montagne, contre la montre, il doit s'assurer que toutes les équipes gagneront le minimum de récompenses qui permettra à leurs membres de voir leurs trois semaines rémunérées convenablement. On se souvient d'un coureur qui ne se plia pas à cette règle, Eddy Merckx, surnommé pour cette raison « le cannibale ». Dès qu'il commença à faiblir, il arrêta sa carrière, le peloton prenant sa revanche en ne lui laissant plus aucune possibilité de l'emporter, même sur des courses mineures. Les spécialistes savent que ceux qui, tels Poulidor et Zoetemelk, ont joué la stratégie contraire, consistant à respecter pleinement les règles implicites, ont pu prolonger leur carrière aussi longtemps qu'ils l'ont souhaité. À cela on ajoutera qu'on n'attaque pas quand un leader est tombé à terre, qu'on s'abstient de le faire sur les passages à niveau et qu'on veille toujours soigneusement à ce que le *gruppetto* (groupe de coureurs attardés dans la montagne) le plus important franchisse la ligne dans les délais.

Voilà un ensemble de règles du jeu, définies par les coureurs eux-mêmes et susceptibles d'évoluer avec les changements affectant le monde des courses cyclistes. Elles rendent la vie collective possible. Tout le monde les connaît et se les approprier fait partie de l'« apprentissage du métier ». Et encore n'ai-je rien dit de celles qui ont longtemps régi l'usage des produits interdits. Ces règles ne sont écrites nulle part, mais sont connues de tous et s'accompagnent d'un vocabulaire parfois codé et toujours imagé. Elles permettent à tous les coureurs qui les respectent de prendre le départ « en confiance » : une partie de la course, celle qui dépend du comportement des hommes, a vu son imprévisibilité réduite. Cela n'empêche pas les alliances de circonstance ni les tactiques de course, mais elles se font à l'intérieur d'un univers dans lequel tout n'est pas permis et elles sont compréhensibles par tous. Ces règles du jeu sont donc « inclusives » et les exclus ne le sont que parce qu'ils y ont dérogé[1].

Faisons un pas de plus et gardons en tête ce que nous connaissons de la vie des entreprises : la définition par les acteurs eux-mêmes de règles du jeu va constituer un encouragement puissant à la simplicité. La complexité, je l'ai déjà souligné, provient du besoin frénétique de contrôle de ce que font les acteurs et d'une volonté inflexible de s'assurer qu'ils le font comme cela doit être fait. Les règles et procédures édictées pour y veiller le sont de façon extérieure aux acteurs eux-mêmes. Il y a donc peu de chances qu'ils se les approprient, et l'observation montre plutôt la tendance inverse : ce qui est imposé est suspecté d'être partisan ou trop loin

1. François Dupuy, « La nécessité d'un véritable comportement collectif », *Le Monde*, 2 août 1977.

de la réalité de ceux qui sont concernés pour les impacter vraiment. Ces obligations de comportements ne sauraient avoir la force de ce qui est librement consenti et soumis au contrôle du groupe lui-même. Pour le dire autrement, personne ne conteste que les dirigeants doivent fixer un cadre. En revanche, la « boîte noire » entre ce cadre et les résultats obtenus peut être laissée à l'initiative des acteurs. L'entreprise aurait tout à y gagner : elle pourrait focaliser son évaluation, son « contrôle » pour utiliser ce mot magique, sur les résultats plutôt que de le faire porter sur les moyens utilisés, domaine sur lequel elle est éminemment manipulable et vulnérable par des acteurs hélas intelligents.

Confiance et simplicité sont donc intimement liées, mais c'est plutôt vers la complexité que les entreprises se sont tournées, pour les raisons déjà mentionnées. Le problème posé est bien celui d'une réduction de cette complexité pour permettre à la confiance de s'exprimer. Mais la complexité, personne ne sait d'où elle vient. Chacun croit qu'elle a été initiée par les « autres », ceux qui n'ont cessé d'émettre ces règles qui ne servent à rien d'autre qu'à protéger les timides et à décourager les audacieux. Je me souviens d'un travail effectué sur une entreprise qui pendant des années a résisté au « délire procédurier » pour son plus grand bien et la plus grande satisfaction de ses salariés. Son actionnaire étranger décida un jour, suite à une acquisition, d'« harmoniser les *process* ». Redoutable ! L'expression elle-même laisse entrevoir le pire, qui ne manqua pas de se produire. Tout le monde ne parla plus que de cela et l'entreprise donna l'image d'une ruche s'activant pour gagner un concours. Puis commencèrent à apparaître les prémices de problèmes psychosociaux… qu'on attribua aussitôt à la pression insupportable de l'actionnaire pour multiplier règles et procédures de contrôle. De sympathique, cet actionnaire devint soudain la cause de tous les maux. L'explication était trop simple, une rapide investigation montra un résultat qui laissa tout le monde pantois : à peine un quart des *process* provenait de la demande d'harmonisation de l'actionnaire. Le reste avait été produit « en interne » et, à l'analyse, ne répondait à aucune nécessité particulière. En revanche, se défaire de cette complexité en grande partie artificielle demanda d'abord une prise de conscience de la contribution de chacun à ce qui était devenu un désastre, puis un travail de fourmi pour éliminer l'inutile… auquel chacun avait tendance à trouver une ultime justification.

Cela met bien en évidence le lien étroit entre confiance des dirigeants vis-à-vis de leurs collaborateurs *et* possibilité pour ces derniers de construire des univers de confiance pour effectuer le travail collectif. Avant que je n'écrive, chacun aura anticipé la difficulté. Il a été dit et répété tout au long de ces pages que les dirigeants ne faisaient pas confiance à leurs salariés. Tous les messages qu'ils leur envoient vont dans le sens de la défiance. Redisons-le, de ce point de vue, le modèle administratif s'est répandu dans toutes les sphères de l'économie. À l'origine, si on suit Max Weber, la nécessité d'enserrer le comportement de chacun dans un cadre réglementaire strict provient de la volonté d'assurer l'égalité de traitement de tous les citoyens (et de tous les fonctionnaires par la même occasion). En clair, il s'agit d'exclure « l'humain » de l'action, celui-ci étant jugé peu fiable et partisan. On ne peut être plus clair, et cette vision est toujours celle qui domine non seulement dans le monde administratif malgré toutes les tentatives dérisoires et avortées de simplification, mais aussi dans le secteur marchand. Elle est à l'origine de la complexité que beaucoup commencent à trouver envahissante.

Pour que des acteurs, ici et maintenant, puissent élaborer par eux-mêmes les règles du jeu qui vont régir leur travail, il est nécessaire avons-nous dit que les dirigeants leur fassent suffisamment confiance et les laissent agir. Probablement certains prétendront-ils y être prêts ou argumenteront-ils qu'ils le font déjà. Mais la vie des organisations est fort complexe : on peut à la fois demander à ce que les contraintes qui pèsent sur l'initiative individuelle soient levées et demander aux « bureaucraties intermédiaires » qu'elles fournissent des chiffres clairs et fiables, des statistiques toujours plus raffinées, toutes choses qui vont les conduire à réintroduire « en douce » de la règle et du contrôle. On commence alors à entrevoir pourquoi la confiance dépasse la dimension simpliste des qualités individuelles toujours naïvement mises en évidence et prend la dimension systémique annoncée.

Un second exemple, toujours hors de l'entreprise, va permettre de comprendre que ces règles du jeu peuvent être élaborées et respectées par un très grand nombre d'acteurs qui jamais ne se voient ni ne se parlent : la circulation en Inde représente pour les Occidentaux de passage à la fois un vrai mystère et une réelle frayeur. Les moyens de transport qui évoluent sur les routes représentent une variété impressionnante : camions, camionnettes, automobiles, scooters et mobylettes, voitures à bras, vélos, ânes bâtés, et bien entendu piétons. Cela n'inclut pas les animaux divers, parmi lesquels évidemment les fameuses vaches sacrées.

On peut raisonnablement penser que si tout ce monde se trouve sur les routes c'est pour se rendre d'un point à un autre. De ce point de vue, aucune différence avec d'autres pays et les grandes migrations du mois d'août. La différence tient aux comportements observés que notre « occidentalisme » perçoit comme incompréhensibles tant ils nous paraissent dangereux : doubler alors qu'un poids lourd arrive en face, occuper les trois voies d'une route alors qu'il y a de la circulation en sens inverse sont des pratiques auxquelles nous sommes peu habitués et qui provoquent chez nous quelque frayeur. Une observation plus fine montre que tout le monde fait la même chose en respectant les mêmes codes : au poids lourd qui menace votre existence, un appel de phares demande de ralentir, et il le fait en effet. Les priorités ne se définissent pas par la droite ou par la gauche, mais par la taille du véhicule. Les plus imposants d'abord et ainsi de suite. Les Américains privilégient l'ordre d'arrivée, les Hindous la taille : chacun sa logique ! En fin de compte on comprend qu'il existe un code de la route, sans doute issu de la colonisation britannique. Le respect de ce code, adapté à un pays occidental mais certainement pas à l'Inde, rendrait la circulation impossible. Il serait donc contradictoire avec les raisons qui mettent tous ces engins et la population qui les utilise sur la route.

L'intelligence des acteurs a consisté à élaborer des « règles du jeu », dérogatoires par nature aux règles officielles et qui rendent la circulation possible en réduisant – mais en ne supprimant pas – l'aléa de pratiques dangereuses. Tous les acteurs connaissent ces règles, dont l'usage du klaxon par exemple – qui permet de demander et non d'insulter, à l'inverse de ce qu'il fait ailleurs – mais ils les ont élaborées sans jamais échanger. Elles ont émergé par un « ajustement mutuel partisan », comme disent les sociologues. Nul colloque n'est venu leur donner une quelconque légitimité académique à défaut de légale. Elles existent, elles permettent d'effectuer avec un degré de confiance acceptable des manœuvres dangereuses et surtout elles rendent possible ce que les règles officielles, beaucoup plus sûres sans doute, rendent impossible.

Coût et gain de la confiance

La définition et l'acceptation de règles du jeu réduisent l'incertitude des comportements et rendent les acteurs plus prévisibles. Cette prévisibilité est la condition pour obtenir la confiance des autres acteurs avec lesquels on interagit. Dit ainsi, c'est simple. Dans la réalité, cela pose un problème que l'on peut comprendre en se référant à ce qui a été dit sur le pouvoir[1]. Nous avons observé que la source de celui-ci résidait dans l'incertitude que pouvait contrôler un acteur et dans l'imprévisibilité qu'il pouvait préserver quant à l'utilisation qu'il pourrait en faire. Lui demander d'être plus prévisible pour favoriser l'établissement de relations de confiance au sein d'un groupe de travail, c'est lui demander de renoncer à tout ou partie de son pouvoir. Cela confirme toute la naïveté de ceux qui demandent que l'on se fasse confiance « comme ça », parce que c'est plus « sympa » et tout le simplisme que véhiculent les recettes des marchands qui ont envahi le temple du management.

Pour accepter d'être plus prévisible, il faut que l'acteur y voie un avantage de quelque nature que ce soit. En particulier, il faut l'aider à évaluer ce qu'il gagnera en jouant plus « ouvert ». L'imprévisibilité peut apparaître comme une stratégie gagnante dans un jeu individuel, tel qu'il est favorisé aujourd'hui par les entreprises, en particulier par leurs modes d'évaluation et de rémunération. L'ouverture, donc l'acceptation de devenir plus prévisible, prend son sens dans un jeu plus collectif où les uns et les autres contrôlent quelque chose et abattent leurs cartes de façon à peu près simultanée. Dans la réalité, cela ne peut se faire que si un gain collectif est assuré : face à un danger, chaque acteur contrôlant un élément qui permet de sauver le groupe aura intérêt à se dévoiler en même temps que les autres le feront. La démarche est identique dans une entreprise où l'assurance d'un gain qui ne peut être *que* collectif peut compenser la perte de pouvoir liée à l'abandon de tout ou partie de son imprévisibilité.

1. Voir chapitre II.

Les philosophes s'accordent à qualifier ce type de comportement d'« éthique ». Être éthique, ce n'est pas être vaguement honnête, notion avec laquelle tous les arrangements sont possibles lorsque nécessité fait loi. Ce n'est pas non plus respecter une charte qui se contente généralement d'indiquer jusqu'où « il ne faut pas aller trop loin ». Tout cela relève de bonnes intentions, je n'en doute pas, mais fait néanmoins partie de ce que les entreprises appellent dans les démarches de qualité le « rituel ».

L'éthique se situe à un autre niveau, à la fois plus profond et plus difficile. Elle relève d'une acceptation de perdre quelque chose – en l'occurrence du pouvoir – pour obtenir un gain. Celui-ci n'est pas principalement financier. Il peut être managérial. Quand les dirigeants s'interrogent sur le déficit de confiance des salariés à leur égard, c'est en ces termes qu'ils devraient se poser la question. Ils cherchent absolument à répondre à toutes les questions de leurs salariés, y compris à celles sur lesquelles ils n'ont aucune idée. Un comportement éthique, donc créant de la confiance, consisterait à répondre quand on le peut, à dire sinon que l'on ne sait pas, ou à dire quand c'est le cas que l'on ne peut pas répondre car tous les salariés savent qu'il y a des choses que l'on ne peut pas dire. Mais s'ils ont conscience que la règle implicite de la transparence du possible est respectée, alors eux-mêmes respecteront et feront confiance à celui qui l'applique. Cette « trilogie systémique », confiance, pouvoir, éthique, pour difficile qu'elle soit à réaliser, est sans doute constitutive d'un management crédible et apaisé.

Une démarche de confiance apporte un autre gain dans le fonctionnement quotidien des organisations. J'ai expliqué longuement les raisons qui ont fait de la coopération l'outil le plus adapté aux exigences de la compétition économique et à leurs conséquences sur la vie interne des entreprises. On a vu la souffrance qu'elle pouvait provoquer, d'autant plus qu'elle était presentée comme un comportement « positif », voire ludique. Nous savons qu'il n'en est rien et que les situations de dépendance ainsi créées sont d'autant plus difficiles à vivre qu'elles s'accompagnent de modes d'évaluation toujours plus individualisés. Si l'on ajoute à cela la lutte féroce pour aller chercher la valeur ajoutée là où elle se trouve, bien souvent en amont et encore plus souvent en aval de son *core business*[1], l'appel à la coopération devient chaque jour plus pressant. C'est ce mode de fonctionnement qui permettra de réunir les compétences nécessaires à la captation de cette valeur ajoutée. Est-ce à dire que l'accroissement de la souffrance est inéluctable, qu'elle est une conséquence nécessaire à la « compétitivité » des entreprises ?

Le raisonnement tenu plus haut montre qu'il n'en est rien et qu'il est possible de faire bien mieux pour peu qu'on y consacre l'énergie et l'investissement intellectuel nécessaires, donc que l'on sorte de cette « paresse managériale » dominante. Ce qui est en jeu, c'est de dédramatiser la coopération. Telle qu'elle est conçue aujourd'hui, elle génère de la souffrance et donc des formes de retrait du travail. Mais les deux peuvent être réduits si ceux qui ont à travailler ensemble peuvent le faire en confiance. Après tout, lors du débarquement en Normandie en juin 1944, l'armée américaine s'était sérieusement souciée de la cohésion des groupes composant la première vague de débarquement. Et les guerres n'ont pas simplement apporté des progrès techniques. Elles ont aussi contribué à approfondir la réflexion sur le travail collectif.

Laisser les acteurs définir eux-mêmes les formes que va prendre leur action commune, les laisser réguler les déviances, les difficultés du parcours et prendre les sanctions qu'ils croient

1. En français : « cœur de métier ». J'ai utilisé l'expression anglaise qui est la plus usitée dans le monde de l'entreprise.

devoir prendre, peut contribuer à rendre cette forme de travail moins douloureuse et plus enrichissante. Des expériences existent qui le montrent. Mais cela vient à nouveau démontrer l'étroite imbrication de la confiance du management envers ses collaborateurs avec la confiance que peuvent se faire mutuellement ces collaborateurs. La seconde implique la première, laquelle ne pourra jamais se développer tant que le management sera paralysé par la crainte de perdre un contrôle qui lui a de toute façon déjà échappé.

On le voit, ces différents éléments forment un tout. Ce ne sont pas des pièces éparpillées parmi lesquelles on pourrait choisir celles qui paraissent les plus intéressantes ou les plus en vogue. Ils ne reproduisent pas la segmentation traditionnelle des activités du management si bien mises en musique par les *business schools* dont on verra plus loin qu'elles ne font pas de prosélytisme, tant s'en faut. Tous ensemble, ils constituent un choix, celui d'une entreprise équilibrée, réfléchie, bâtie à partir d'expériences accumulées dans différents domaines, choix également de l'utilisation de méthodes d'analyse et d'anticipation qui permettent de n'être ni naïf ni irresponsable.

La souffrance au travail d'un côté, la complexité née du désir de tout contrôler de l'autre, et le sentiment de quelques patrons éclairés d'aller « dans le mur » enfin ne sont pas des inventions de sociologues. Face à cela, on peut toujours trouver des alternatives qui remplacent les erreurs du passé par celles du présent, et c'est bien ce qui se passera tant que les modes d'action et les modes de raisonnement qui les produisent resteront les mêmes. Changer de « paradigme » est d'autant plus une nécessité que les économistes comme les financiers, les médecins du travail comme les psychologues répètent depuis des années que celui aujourd'hui en vigueur a atteint et même dépassé ses limites. Plus ça va, plus le management « tourne à vide ».

On reste admiratif, je l'ai dit, du savoir-faire des ingénieurs : non seulement ils réalisent des exploits techniques qui font rêver, mais, pour ce faire, ils ne se privent pas de s'inspirer d'une connaissance approfondie des techniques utilisées par leurs prédécesseurs. Tous aimeraient connaître le secret de la construction des pyramides d'Égypte. Les militaires débattent toujours des choix de Napoléon et de ceux de César, même à l'heure du terrorisme et de la guerre urbaine. Pourquoi alors le management des hommes reste-t-il aussi « plat » et confiné à des rhétoriques enfantines et sans valeur réelle ? La culture générale (ce que l'histoire nous apprend) et la culture particulière (celle qui prend en compte les acquis des sciences sociales) doivent permettre de « faire bien mieux » et de renouveler le « management » sans prendre de risques inconsidérés. Jeu perdant/perdant disait Alain Peyrefitte à propos de la société de défiance. La confiance, dont je reconnais que les conditions d'obtention sont difficiles, devrait permettre d'inverser les termes du jeu.

CHAPITRE VII

Les mots pour ne pas le dire[1]

La difficulté à comprendre le monde des organisations tel qu'il est et non tel qu'il devrait être, la méconnaissance d'une réalité complexe et systémique se retrouvent naturellement dans le vocabulaire et les expressions du management. Non seulement le langage y est codé et incompréhensible parfois pour ceux auxquels il s'adresse, mais encore, pour être brutal, il ne mesure pas toujours les conséquences de ce qu'il exprime. De ce point de vue, je prétends qu'il est en partie irresponsable. Dans l'entreprise, il faut dire. Alors on dit, sans trop réfléchir aux implications de ce qui vient d'être dit, comme nous allons le voir.

Ce décrochage du discours par rapport à la réalité n'est certes pas nouveau et a fait l'objet de nombreuses études, qui ont fourni quelques pistes d'explication. En effet, comprendre pourquoi, dans ce monde où la langue de bois n'a d'équivalent que dans les sphères politique ou footballistique, l'expression quotidienne est si déconnectée du réel, est une entreprise bien difficile. Monde du « concret » répètent à satiété les cadres supérieurs pour se distinguer de ceux qui ne brassent que des idées. Monde de l'abstrait, répondent ceux qui les écoutent avec attention et demeurent perplexes devant un jargon abscons parfois même pour les initiés.

1. En hommage à Marie Cardinale qui, elle, avait trouvé les mots parfois très durs pour le dire. Voir Marie Cardinale, *Les Mots pour le dire*, Paris, Grasset, 1975.

Une première thèse souligne la tendance de la littérature managériale à dire ce qui doit être, mais à ne pas dire ce qui est[1]. C'est à la fois vrai et insuffisant. Vrai dans la mesure où le management lui-même prête une attention soutenue à un monde idyllique, celui des valeurs par exemple, mais aussi celui d'acteurs travaillant ensemble de façon harmonieuse pour le bien d'une entreprise chère à leur cœur. La place toujours plus importante prise par les directions de la communication au sein des entreprises fait d'elles le bras armé de ce pathos. Mais c'est insuffisant car le management ne se contente pas de décrire ce qui devrait être. Il essaie de le réaliser par injonctions, et indique aux uns et aux autres ce qu'ils devraient faire. Ce n'est pas seulement la réalité décrite telle qu'elle n'est pas, c'est aussi l'action suggérée dans une certaine direction, sans se soucier des conditions de faisabilité ou des effets induits. J'ai parfois nommé cette façon de faire – on me pardonnera la formule anglaise – le *should management*[2].

Une autre thèse, non contradictoire avec la première, postule que le pouvoir du discours managérial réside dans sa capacité à rester incompris et son autorité dans celle d'imposer sa supériorité statutaire[3]. Si telle est bien l'intention, saluons le succès de la tentative : personne ne peut contester que le vocabulaire du management est compliqué, exagéré, ésotérique et constitue un ensemble de mots et d'expressions qu'il faut déchiffrer pour ne pas commettre d'impairs. J'ai déjà indiqué que l'expression

1. Voir, par exemple, Luc Boltanski et Ève Chiapello, *Le Nouvel Esprit du capitalisme*, Paris, Gallimard, « NRF Essais », 1999.

2. En français, il n'y a pas de bonne traduction. Littéralement : « management du devrait être » – en fait, management par l'injonction.

3. Voir le remarquable livre d'Anne Both, *Les Managers et leurs discours : anthropologie de la rhétorique managériale*, Bordeaux, Presses universitaires de Bordeaux, « Études culturelles », 2008.

« Nous allons chercher des synergies », souvent utilisée à l'occasion de fusions et acquisitions, indique peu clairement qu'il va y avoir des licenciements. De même, se lancer dans un « plan de progrès » va se traduire par des économies drastiques, tout le monde l'a bien compris. Mais si on se laisse prendre une fois, à la prochaine on se méfie.

Décrypter le « message » est donc un exercice qui fait partie intégrante du métier, et cette faible lisibilité ne contribue pas à l'établissement de relations de confiance entre dirigeants et salariés. Il est d'ailleurs remarquable de constater à longueur d'études que les dirigeants craignent d'en restituer les résultats à leurs salariés, au motif que ceux-ci n'auraient pas la maturité nécessaire pour accepter la réalité telle qu'elle est. Il faudrait donc présenter les choses de façon « audible » et « compréhensible », en quelque sorte les enjoliver ou leur conférer la platitude nécessaire pour qu'elles ne choquent personne. Ainsi se constitue, dans cet exercice comme dans la vie quotidienne de l'entreprise, un discours codé, tellement lissé que chacun se demande ce qui se cache derrière les mots utilisés. Entre le risque présumé qu'il y aurait à dire la vérité et le risque connu de déclencher des rumeurs incontrôlées en jouant sur l'ambiguïté du discours, le management penche le plus souvent pour le second.

Mais l'art consommé de dire des choses simples de façon compliquée et surtout exagérée a également inspiré quelques journalistes ou essayistes qui, en laissant libre cours à leur sens de l'humour, n'en tirent pas moins la sonnette d'alarme. C'est une autre façon de relever l'immaturité du discours managérial et de la mettre sur la place publique. Certes, plus que quelques tics de langage qu'il conviendrait de corriger, ces dérives traduisent sans doute la difficulté souvent observée à obtenir des acteurs qu'ils fassent ce qu'on leur demande si la demande est formulée en termes simples et non dramatisés. Mais le langage guerrier tend alors à se substituer de plus en plus à celui de la relation de travail ordinaire et, à ce rythme-là, la conduite d'un projet deviendra vite une opération commando, si ce n'est déjà le cas[1].

Ce qui étonne le plus, néanmoins, c'est l'incapacité d'anticiper les contradictions ou les effets induits d'affirmations lancées « à la volée », pour faire face à une soudaine urgence. Cette notion d'urgence est en elle-même surprenante. Les évolutions qui affectent les organisations, comme celles qui affectent les sociétés sont profondes et produisent leurs effets sur le long terme. Y répondre par des slogans élaborés par des communicants pour qui le verbe prime sur le contenu témoigne de l'incompréhension, de l'inculture ou du désintérêt de ceux qui les lancent et de ceux qui les reprennent à leur compte. Je vais donc prendre quelques-unes de ces affirmations et en esquisser une lecture différente de celle proposée par la connaissance ordinaire.

« L'homme doit être au centre de tout »

Il va y avoir du monde au centre des organisations ! Depuis les années 1980, on s'efforce avec bien des difficultés d'y mettre le client. Aujourd'hui on souhaite y mettre – y remettre plutôt – l'homme, c'est-à-dire le salarié dont on sent bien qu'il est en train d'« échapper » à l'entreprise. Je ne suis pas certain qu'il y ait de la place pour les deux ni surtout que le retour en arrière

1. Je renvoie à l'article très drôle et facétieux de l'écrivain et journaliste anglais Steven Poole, « 10 of the worst examples of management speak », theguardian.com, 25 avril 2013. Dire « *drill down* » au lieu de « *look at in detail* » met l'auteur en joie.

que cela impliquerait soit possible et encore moins souhaitable. Il faut donc y regarder de près.

Essayer sans frémir de faire de ce souhait une réalité serait en effet un retour aux sources de la bureaucratie. À première vue, et avec une certaine naïveté, on peut imaginer qu'il suffit d'être simplement « gentil » avec les salariés, d'en faire l'objet de toutes les attentions, y compris en termes de rémunération. On peut même se montrer très inventif sur cette version *a minima* grâce à des innovations qui, à n'en pas douter, améliorent sensiblement la vie des employés : les conciergeries sont une vraie ressource pour les femmes cadres en particulier ; la possibilité de travailler chez soi en est une autre, même si elle contribue à estomper la limite entre vie professionnelle et vie privée[1]. Mais aussi sympathique que cela soit, mettre les employés au centre de l'organisation recouvre une tout autre réalité et, jusqu'ici, seules les vieilles bureaucraties, publiques en particulier, y ont réussi. Elles sont parvenues à construire des organisations « endogènes » dont les principes de fonctionnement sont tournés vers leurs problèmes internes plutôt que vers ceux de leur environnement, clients ou citoyens. On est en droit de se demander si c'est vraiment à cela que les tenants humanistes de « *l'homme au centre de tout* » veulent revenir.

Cette situation, dans laquelle la logique de l'organisation l'emporte sur la logique de la mission, se développe lorsqu'une faible ou inexistante concurrence permet d'externaliser sur un client qui n'a pas de choix le coût organisationnel ou financier du confort des membres de l'organisation. Chacun d'entre nous sait ce que cette formule compliquée signifie dans la vie quotidienne :

1. C'est l'approche que défendent Hal Rosenbluth et Diane Mc Ferrin Peters dans leur best-seller *The Customer Comes second : Put your People first and Watch'em Kick Butt*, New York, Harper Business, 2002.

ce sont les professeurs les plus jeunes et les moins formés qui sont envoyés dans les zones d'éducation prioritaire et doivent donc faire face aux élèves les plus difficiles. On le comprend : les affectations ne sont pas faites selon les besoins des élèves, mais selon ceux des professeurs. La situation est la même dans la police et dans bien d'autres administrations. Mais cela ne concerne pas que le secteur public, tant s'en faut. Je me souviens d'une discussion avec le président d'une grande banque de la place à qui je tentais d'expliquer le caractère endogène de son organisation. Il en était choqué et m'expliquait à quel point ses salariés aimaient et respectaient les clients et faisaient tout leur possible pour les satisfaire. Je n'en doutais pas, mais me hasardai à lui poser une question surprenante : je lui demandai si je devais aller dans une de ses agences quand j'en avais besoin ou quand elle était ouverte. Il jugea la question incongrue – c'était un homme poli – et me répondit qu'il fallait y aller quand l'agence était ouverte, évidemment. Je lui fis remarquer que compte tenu de mes horaires de travail cela s'avérait compliqué, ce à quoi il rétorqua avec quelque impatience que la loi réglementait les jours et parfois les heures d'ouverture des agences bancaires depuis des décennies. Ses employés avaient donc obtenu un avantage, ne pas travailler le samedi par exemple, et il appartenait au client de s'en accommoder. On comprend pourquoi la même banque annonça par de grandes banderoles son ouverture le samedi, dès que cela lui fut possible : elle annonçait ainsi, de façon symbolique, qu'elle venait de passer de l'« employé au centre » au « client au centre ».

Tous ceux qui ont vécu et travaillé dans ces organisations endogènes se sont battus, parfois avec violence, pour les préserver. C'est ce que continue de faire une grande partie du secteur public : lorsque l'Inspection générale des finances calcule que la collecte de l'impôt en France coûte trois fois plus cher (à montant d'impôt collecté équivalent) que dans des pays plus « raisonnables » – la Suède par exemple –, elle matérialise le coût de l'endogénéité et celui du confort ainsi procuré. Ce qui la rend possible, c'est l'absence de choix de la part de celui qui achète ou demande un service. Il fait face à un monopole dont il anticipe qu'il a tout à craindre. Mais parallèlement, c'est une situation à ce point confortable pour les salariés qu'ils cherchent en toutes circonstances à l'instaurer ou à la restaurer. D'où la pression à la « clarté » dans la définition des tâches de chacun, la dénonciation des redondances ou des situations ambiguës dans lesquelles on ne sait pas très bien qui fait quoi. Ce faisant, sous prétexte d'efficacité, on se bat pour externaliser ses propres contraintes sur le reste de l'organisation, comme cette organisation le fait d'ailleurs elle-même autant qu'elle le peut vis-à-vis de son marché.

Cette centralité des employés a explosé avec l'ouverture des marchés et commence à être remise en cause dans le secteur public par la ruine des États. On comprend qu'elle soit l'objet d'une immense nostalgie de la part de ceux qui en ont bénéficié. Si la conséquence du désengagement du travail, des jeunes générations en particulier, devait entraîner un retour total ou partiel à cette forme d'organisation, on imagine bien qu'ils le verraient d'un œil favorable. Mais je ne suis pas certain, tant s'en faut, qu'il soit possible, dans le contexte actuel, de satisfaire les espoirs que l'on fait naître en utilisant cette formule, sauf encore une fois s'il ne s'agit que d'effectuer des aménagements à la marge. Les salariés qui ont vécu l'évolution des organisations depuis une quarantaine d'années, ou leurs enfants qui en ont perçu les effets quotidiens sur leurs parents, savent ce qu'il en est et à quoi ils peuvent s'attendre. Ils ne s'y fieront pas.

À moins de considérer qu'il y a de la place pour deux au centre de l'organisation, comme le font ceux qui souhaitent à tout prix concilier l'inconciliable. Car enfin que signifie l'expression « mettre le client au centre » comme tentent de le faire les entreprises depuis des décennies ? Sans aucun doute remettre en cause tous les caractères endogènes des organisations antérieures – ou du moins essayer de le faire – et leur substituer des formes d'organisation du travail permettant d'améliorer la qualité tout en réduisant le coût, le fameux « faire plus avec moins ». Faut-il rappeler que le succès d'une telle initiative conduit inexorablement à la construction d'organisations exogènes ? J'ai déjà largement développé les conséquences de la difficulté à y parvenir[1] et en particulier le recours à des formes coercitives de contrôle et l'échec de ces dernières. Cela explique que de nombreux traits d'endogénéité subsistent dans des entreprises exerçant pourtant leurs activités sur des marchés très concurrentiels. La recherche et la mise en évidence de ces traits représentent d'ailleurs un exercice parfois traumatisant aussi bien pour les salariés que pour les dirigeants. Ils témoignent d'un fiasco dont sont victimes des salariés qui ont vu leurs conditions se détériorer sans que pour cela l'entreprise soit parvenue à ses fins.

Mais rien ne permet de penser que le retour à la situation antérieure, celle dans laquelle l'employé était réellement au centre de l'organisation, soit la solution. Dire et clamer que l'on va « remettre l'homme au centre de l'organisation », c'est un peu l'assurer que son avenir doré se trouve dans le retour aux bureaucraties tayloriennes. Ce qu'il observe dans son environnement lui permet d'évaluer sans illusion le sérieux de la proposition.

On peut en conclure que, quelles que soient leurs difficultés à être « orientées client » et pour cela à obtenir l'engagement de leurs salariés, les entreprises ne remettront pas leurs employés au centre de l'organisation, du moins à une échéance que nous

1. Voir *Lost in management*, vol. 1.

pourrions entrevoir. Ce n'est pas une question de bonne volonté mais de condition du marché. La formule est donc au mieux imprudente, au pire manipulatoire ou irresponsable.

La question pratique est celle de la réduction de la souffrance au travail dont nous avons vu qu'elle pouvait se gérer, au moins en partie, par l'introduction de relations de confiance entre employeurs et salariés d'une part et entre les salariés d'autre part. La souffrance au travail peut et doit être une préoccupation centrale mais essayer de la résoudre en prétendant que l'on va mettre les salariés au centre de l'entreprise dans l'acception organisationnelle de cette expression, c'est aller un peu vite en besogne et faire des promesses inconsidérées qui témoignent de l'ignorance de ceux qui les font.

« Il faut reconquérir l'engagement des salariés »

Le thème de l'engagement des salariés est apparu plusieurs fois dans les pages qui précèdent. Il est en effet au cœur des préoccupations des entreprises qui comprennent qu'elles ont laissé se détériorer la relation qui les lie à leurs salariés, aux cadres en particulier. Comme je l'ai déjà signalé, le problème n'est pas tant l'arrivée sur le marché du travail d'une hypothétique « génération désengagée » que la détérioration brutale du contrat « loyauté/ protection » qui liait autrefois une entreprise protectrice à des salariés dévoués. Or, ce n'est pas le moindre paradoxe de la globalisation que, en même temps qu'elle détruisait les conditions de l'engagement, elle le rendait plus nécessaire que jamais à la réussite de l'entreprise.

La reconquête de cette population est ainsi devenue un objectif prioritaire dont la réalisation fut confiée aux DRH selon la logique segmentée qu'affectionnent les dirigeants : un problème, une fonction. Face à cette responsabilité nouvelle, les DRH ont fait de leur mieux en utilisant les outils à leur disposition. Devenu une « priorité », l'engagement figura aussitôt parmi les critères d'évaluation des salariés, fut élevé au rang d'indicateur permettant de détecter les cadres « à potentiel », voire « à haut potentiel », et fit l'objet de nombreuses recherches visant à comprendre ce qu'il était, ce qui pouvait le provoquer et surtout pourquoi il disparaissait au profit d'un investissement dans d'autres lieux de vie plus conviviaux. Les DRH le demandèrent aux salariés eux-mêmes via des études, des sondages et des baromètres sociaux. Mais ce faisant, les entreprises ne purent éviter d'individualiser ce comportement soit en mettant en cause les individus eux-mêmes suivant l'hypothèse que l'engagement « dépend des gens », formule intellectuellement régressive, soit en recherchant les services qui avaient failli à leur tâche et provoqué ce retrait du travail : la stratégie avait-elle été bien communiquée, le management avait-il agi sur les bons leviers, l'environnement de travail était-il agréable, etc. ?

Or si le constat du retrait est juste, on reste confondu par la méconnaissance profonde chez les dirigeants des mécanismes sociaux pourtant classiques qui ont créé cette situation. Depuis quelques décennies la détérioration de l'emploi et celle du travail sont concomitantes. Elles ont en effet la même origine : l'ouverture des marchés qui a suivi les chocs pétroliers des années 1970. Avec les effets de latence, c'est au début des années 1980 que le phénomène a pris de l'ampleur. La concurrence toujours plus exacerbée a conduit à des délocalisations, à des fermetures d'entreprises ou à des fusions qui ont gravement altéré la situation de l'emploi dans les pays qui les ont subies. Par ailleurs, les entreprises qui se sont adaptées l'ont fait en utilisant l'organisation du travail comme variable d'ajustement afin de réduire leurs coûts et d'améliorer leur qualité, avec tous les effets induits déjà analysés.

Dans cette situation, l'emploi, dont la dégradation était visible, inquiétante et potentiellement coûteuse sur le marché politique, a masqué le travail : en avoir était déjà bien ; se plaindre des conditions dans lesquelles il était effectué pouvait paraître indécent et manquait de légitimité. On a ainsi vu une classe politique obsédée par la situation de l'emploi, promettant en toute occasion son amélioration, qui restait insensible à la question du travail, y compris dans les entreprises publiques. Elle allait bientôt le regretter, de façon très passagère hélas, lorsque la multiplication des suicides lui révéla à la fois le problème et son ampleur.

Il est vrai qu'en France la classe politique est en grande partie issue de l'administration publique et que, dans ce secteur, aucune alerte n'est advenue. Le travail y est ce qu'il est, dicté par des règles immuables et dont le caractère protecteur n'a cessé de se renforcer depuis la fin de la Seconde Guerre mondiale. On n'a jamais demandé aux fonctionnaires d'être particulièrement investis dans leur travail. Si certaines catégories, les infirmières par exemple, sont réputées « si dévouées », ce jugement relève plus de l'anticipation du moment où l'on passera entre leurs mains, et donc d'un besoin de se rassurer à l'avance, que d'un jugement objectif sur la façon dont elles exercent leurs activités. Pour la classe politique, le travail n'est donc pas un problème, constat surprenant pour le premier employeur du pays. Le serait-il que les élus auraient bien du mal à le traduire dans les termes et schémas qui servent à construire leur discours et penser leur action.

Dans les entreprises, la situation est bien différente. Confrontés à la nécessité d'une adaptation rapide à la nouvelle donne, les dirigeants ne se sont souciés que tardivement de la détérioration du travail que cela impliquait. Lorsqu'il a bien fallu en prendre acte, le recours à un vocabulaire à connotation (exagérément) positive a permis de justifier des transformations par ailleurs imputées au marché et à ses contraintes. Et, pour le dire brutalement, la question des conséquences sur les conditions du travail n'a jamais été une priorité pour des dirigeants eux-mêmes pris dans des systèmes de pression très contraignants. Ils ont paré au plus pressé en estimant que chacun dans l'entreprise le comprendrait. Autrement dit, les contraintes de la situation ont renforcé leur raisonnement en termes de rationalité unique (partie gauche du tableau[1]). On sait qu'ils ont payé cher cette indifférence et encore leur a-t-il fallu du temps pour s'en rendre compte.

Et ce, d'autant plus qu'à leur façon ils ont raisonné comme les politiques tout en tirant de la situation des conclusions différentes. L'emploi ne cessant de se détériorer, le risque devenait plus faible, ont-ils considéré, que les salariés osent se mettre dans une position pouvant menacer leur situation « privilégiée ». En somme, contrôler l'emploi, c'était contrôler une incertitude tellement forte qu'elle conférait un pouvoir quasi absolu. C'est vrai en théorie, mais en théorie seulement. Ce raisonnement considère qu'un seul acteur peut avoir du pouvoir et donc tout contrôler sans se soucier du reste. Cette perception, aussi simpliste que répandue, s'est heurtée à une réalité plus « systémique » que les dirigeants n'avaient pas anticipée.

Certes, tout un chacun fait le dos rond devant la menace du chômage. Mais cela n'implique pas une suractivité dans le travail. Rappelons que les règles organisant l'activité de chacun sont supposées en définir les conditions et en permettre le contrôle. En réalité, je l'ai maintes fois souligné, elles constituent pour ceux qui doivent les appliquer une protection majeure compte tenu de leur inapplicabilité, liée à leurs contradictions, à leur « maxima-

1. Voir chapitre IV.

lisme » et au fait que ceux qui les ont émises ont pensé à se « couvrir » avant de penser aux effets qu'elles pouvaient produire.

Un faible investissement dans le travail peut prendre deux dimensions. Tout d'abord, on peut ne rien y mettre de soi-même et se contenter de faire bureaucratiquement ce que l'on doit faire. C'est ce que j'appelle le « *not paid for that*[1] » qui se traduit par une évidente « mauvaise volonté ». Mais celle-ci est difficilement repérable ou critiquable dans la mesure où elle provient d'une stricte conformité à ce que l'entreprise a décidé pour vous, parce qu'elle ne vous faisait pas assez confiance pour vous laisser le décider vous-même. Toutes choses égales par ailleurs, c'est un comportement que les juristes pourraient qualifier d'« abus de droit ».

La seconde stratégie, non contradictoire avec la première, est le « basculement » dans une pratique instrumentale du travail : on vient y chercher les ressources minimales nécessaires pour vivre la « vraie vie » dans l'univers de son choix, qui, par définition, n'est pas l'organisation dans laquelle on travaille. Cette stratégie pose aux entreprises un problème inattendu : les ressources financières nécessaires à sa mise en œuvre ne sont généralement pas considérables. Les instruments de « motivation » traditionnels utilisés par les entreprises – la rémunération et les avantages financiers annexes – n'ont de ce fait que peu d'impact sur les populations qui ont fait ce choix et qui s'évadent de l'entreprise tout en respectant scrupuleusement ce qui figure dans leur contrat de travail. C'est un « casse-tête » face auquel les DRH peinent à trouver des solutions.

Dernier élément qu'il eût fallu prendre en compte : jouer sur la détérioration de l'emploi pour faire des salariés et des conditions

1. « Pas payé pour ça. »

de leur travail une variable d'ajustement, sans se soucier des conséquences qui en résultent, est une stratégie à court terme, dont nous avons vu qu'elle avait un prix. Mais si le marché de l'emploi devait se retourner, le prix en serait encore plus élevé. Toutes les enquêtes montrent que la « fidélité » à l'entreprise a disparu en même temps que disparaissait la fonction de protection du travail. De même, les cadres, ce « salariat de confiance[1] », voient leurs conditions matérielles et humaines se rapprocher inexorablement de celles des autres catégories de salariés. Leur « reconquête », si elle s'avérait nécessaire, serait loin d'être acquise.

Si l'engagement des salariés est un problème réel pour les entreprises – et il l'est en effet –, elles l'ont pris jusqu'ici avec beaucoup de légèreté. L'hypothèse que je viens de faire d'un pari sur la détérioration de l'emploi comme mécanisme régulateur du comportement des salariés risque de soulever bien des critiques. Elle sera en effet perçue comme une critique morale, donc inacceptable. Il n'en est rien, et la discussion sur l'intentionnalité nous mènerait tout de suite dans une impasse : tout le monde est par définition animé des meilleures intentions.

Elle est bien plus le constat d'une déficience intellectuelle ayant empêché les dirigeants de comprendre une situation complexe qui ne peut se réduire à l'équation « chômage entraîne discipline des salariés ». C'est sans compter sur l'intelligence des acteurs qui leur permet d'utiliser au mieux les systèmes de management mis au point avant la « crise », renforcés par cette crise, et de les retourner à leur avantage. L'incertitude qui fait avantageusement contrepoids à celle de l'emploi, c'est la nécessaire bonne volonté pour que « ça tourne » malgré le fatras bureaucratique et ses aléas. Les salariés en ont usé pour rééquilibrer la

1. L'expression est de Paul Bouffartigue.

relation : c'est la vie. Pour s'engager, ce qui est une autre affaire, ils attendent sans doute une nouvelle proposition de travail. Elle tarde à venir.

« Tout pour le "terrain" »

Quand les entreprises commencent à s'intéresser au terrain, ce n'est pas toujours bon signe. C'est là en effet que se produisent les biens et les services vendus au client, et l'intérêt qu'on y porte provient le plus souvent d'une alerte : soit se produisent des dérives de qualité, soit l'« exécution » n'est pas ce qu'elle devrait être, soit enfin il faut réduire les coûts et c'est à ce niveau que se consomme le gros de la matière première, matérielle ou humaine. Mais il ne sert à rien de noircir le tableau : le terrain, c'est aussi là que l'on apprend. Dans l'industrie, on y voit s'élaborer le produit, et rares sont ceux qui regardent cela avec indifférence. Un patron qui fait visiter une usine sera toujours fier d'expliquer les technologies utilisées et de montrer le produit en transformation. Il y a là une forme de noblesse bien réelle qui ne relève pas d'un passéisme morose. Mais c'est là aussi que l'on rencontre le client, le seul endroit où on le voit, on l'entend, on peut lui parler. Connaître le terrain, c'est donc toucher au cœur du métier, bénéficier d'une expérience irremplaçable et acquérir une légitimité précieuse pour l'avenir. Les entreprises font d'ailleurs effectuer des « stages ouvriers » à leurs « hauts potentiels » et il fut une époque où faire un « tour de banque » était, dans ce métier, une obligation avant d'intégrer la fonction pour laquelle on avait été recruté.

Bref, le terrain fascine et mobilise l'attention de toutes les parties de l'organisation qui n'en sont pas. Je me souviens d'avoir fait mes premiers pas de chercheur en travaillant sur le ministère de l'Équipement, un ministère… de terrain, par excellence. J'ai tout de suite été fasciné par le discours sur le terrain qui parcourait l'organisation de bas en haut et de haut en bas. L'agent de travaux expliquait à son chef, le conducteur de travaux, les difficultés qu'il rencontrait… « sur le terrain », bien sûr. Ce dernier en faisait part à l'ingénieur subdivisionnaire en soulignant la complexité… « du terrain », cela va de soi. L'ingénieur en question, lors de ses rares rencontres avec le DDE (directeur départemental de l'Équipement) l'informait, avec parcimonie mais en dramatisant, des obstacles rencontrés… « sur le terrain », comme il se doit et lorsque ce directeur « montait à Paris », à la recherche de crédits, il ne manquait pas de culpabiliser les bureaucrates centraux en soulignant leur ignorance désastreuse… « du terrain », on l'aura compris. Piqués au vif, ces derniers « descendaient » à leur tour sur ce terrain mythique où ils étaient d'autant mieux accueillis qu'ils apportaient quelques ressources. De retour à leurs bureaux parisiens, ils ne manquaient pas de commencer la première réunion de la journée par la formule rituelle : « J'étais hier sur le terrain… »

Le terrain est un mythe. Il fait l'objet de crainte ou d'admiration, mais il reste un mythe. On le visite, mais on n'y vit pas. Il est comme ces vieilles tantes de province chez qui on s'astreint à aller une fois l'an, mais en trouvant toujours un bon prétexte pour ne pas y passer la nuit. Et pourtant, dans toutes les activités de service en particulier, c'est bien là que se trouve le client, celui que la rhétorique managériale désigne comme une des raisons d'être de l'entreprise. Mais curieusement, plus on en acquiert la possibilité et plus on s'éloigne de lui, comme s'il était plus noble de le gérer par la réflexion que par l'action. Chacun sait que, en accroissant leur qualification, les enseignants gagnent le droit de réduire leurs contacts avec les élèves. Mais sait-on que dans les entreprises la logique n'est pas différente ? Une promotion chèrement acquise vous fait passer du magasin dans les bureaux, de la « route » au siège, bref du client présent au client lointain.

Et ça n'étonne personne ! C'est un acquis de la vie des organisations qui amène les responsables aux frontières de la schizophrénie : ils fuient ceux que leur mission officielle consiste à conquérir, dans une originale relation d'attraction/répulsion. Par crainte d'un contact direct, toujours porteur de menaces éventuelles, ils sous-traitent à ceux qui n'ont pas (encore) le choix la gestion d'une relation considérée comme essentielle au succès de l'entreprise. Ce n'est pas faute pourtant de répéter dans les interviews que l'aspect le plus valorisant de leur métier, ce sont les « contacts humains ». Mais sans doute ne s'agit-il que de ceux qu'ils peuvent gérer en position favorable.

Car il ne faut pas s'y tromper : aimer le contact avec le public a du sens lorsqu'on travaille dans une organisation monopolistique à laquelle le client doit faire allégeance s'il veut d'obtenir satisfaction. Un citoyen qui se présenterait devant un bureau administratif en insultant celui qui lui fait face aurait une attitude suicidaire. Il n'aurait pas compris que, dans un tel cas, le dominant c'est celui qui reçoit le client et le dominé c'est le client lui-même. Tout le monde anticipe cette nécessité de l'allégeance et c'est pourquoi le taux de satisfaction des Français à la sortie d'un centre des impôts est supérieur à 90 %, taux que leur envierait n'importe quelle entreprise. Mais dans le secteur marchand concurrentiel, la relation est inverse. Le client devient le dominant et le salarié le dominé. Cette relation est donc, par nature, beaucoup plus difficile à vivre. La valoriser tout en l'évitant n'est contradictoire qu'en apparence.

Bien entendu, cette sous-traitance ou cette prise de distance ont un prix. Que l'on soit dans l'industrie ou les services, quel que soit le terrain considéré, ce salarié dominé a appris à faire payer au reste de l'organisation la sorte de mépris qui lui est *de facto* témoigné. Il en tire tout d'abord une grande autonomie. Dans l'industrie, nous avons déjà pu observer le pouvoir considérable détenu par ceux qui produisent. Ils l'ont longtemps utilisé pour définir eux-mêmes leurs rythmes de travail[1] et il a parfois été difficile de reprendre en main ce que l'on avait laissé filer. Seule la « crise » a permis de remettre en question ces « avantages inavouables » mais « mortifères[2] » pour reprendre l'expression d'un syndicat.

Dans les services, nous avons vu que le monopole de la relation au client pouvait inverser la hiérarchie et conduire à une situation dans laquelle c'est en réalité le terrain qui détermine la politique de l'entreprise. Sa capacité à n'appliquer que les directives qui lui conviennent ou à sélectionner les produits qui devront être proposés au client selon sa propre évaluation de leur pertinence pour sa clientèle amène à des situations que l'on qualifie de « pyramide inversée ». Récupérer la maîtrise de la distribution des produits à une clientèle ciblée dans des zones de chalandise considérées comme porteuses par les responsables ne peut se faire qu'en négociant pied à pied avec le terrain ces évolutions et la façon dont elles seront conduites.

Le prix de l'abandon du terrain a donc été très élevé. Ce n'est pas sans rappeler la situation dans laquelle se sont trouvées des industries qui décidèrent de sous-traiter la vente de leurs produits à de grands distributeurs. Elles ne souhaitaient pas avoir à supporter le poids financier et humain d'un réseau de vente. Elles ont

1. Dès 1934, Simone Weil a décrit les conflits qui se déroulent autour de la fixation des rythmes de travail. Elle a étudié toutes les stratégies utilisées pour obtenir que les cadences respectent les possibilités de tous. Voir Simone Weil, *La Condition ouvrière*, Paris, Gallimard, « Folio Essais », 2002.

2. L'expression a été utilisée par la CFDT (Confédération française démocratique du travail).

ainsi perdu la relation directe au client et pour certaines d'entre elles l'ont payé très cher[1].

Car la question posée par l'émergence d'une concurrence toujours plus échevelée est celle du contrôle de ce terrain, dont les façons de travailler peuvent avoir des conséquences considérables pour l'ensemble de l'entreprise. Il y a bien une solution *a minima*, que nous avons évoquée dans les pages qui précèdent : attendre que des incidents se produisent et venir « en masse » pour aider à les régler, en fait pour recueillir de l'information. Mais le terrain n'est pas naïf : il fait rarement appel à la hiérarchie pour résoudre ces incidents, sauf lorsqu'il estime qu'il prendrait un risque en le faisant lui-même. En revanche, il noie sa hiérarchie de questions diverses sans jamais lui fournir les informations nécessaires pour y répondre. Logiquement, les directives qui s'ensuivent sont inadaptées et suscitent les critiques du terrain qui culpabilise la hiérarchie au motif qu'elle n'est d'aucune aide. Nous avons là l'exemple d'un mode de fonctionnement immuable, illustrant le *statu quo* dans lequel le management se trouve englué[2].

Pour y remédier, la solution la plus employée est celle du contrôle bureaucratique, confié aux bureaucraties intermédiaires qui y trouvent une justification de leur existence. On connaît les limites de cette approche : les règles, les procédures et les normes édictées constituent très vite un ensemble confus et inapplicable. Dans cette complexité, le terrain se meut avec délectation en même temps qu'il ne cesse d'en souligner les incohérences. Il

1. C'est le cas en France de l'industrie de l'électroménager.

2. Pour mesurer l'ampleur de ce *statu quo*, j'indique au lecteur que j'ai repéré ce cercle vicieux dans une entreprise du secteur marchand étudiée en 2014. Il a été décrit de la même façon il y a quarante ans dans une analyse de l'administration publique. Voir Michel Crozier, Erhard Friedberg, Catherine Gremion *et al.*, *Où va l'administration française ?*, Paris, Éditions d'Organisation, 1974.

faut un certain temps pour que le balancier s'inverse et que les dirigeants en appellent à la simplicité. Mais une fois acquise, la complexité est une ressource à ce point précieuse pour les acteurs de terrain qu'ils ne manifestent pas un grand empressement à essayer de la réduire. Le temps que l'on reconstitue à quoi servent toutes ces normes – qui doivent bien avoir une utilité puisqu'on les a édictées –, l'autonomie du terrain a encore de beaux jours devant elle.

Il arrive aussi que l'on recoure à des solutions autoritaires. Il y a toujours dans les entreprises des « gros bras » pour promettre que « l'on va voir ce que l'on va voir ». En définitive, on ne voit pas grand-chose, sinon parfois une brutalité blessante qui n'arrange rien. Telle grande entreprise sous-traitante de l'industrie automobile a longtemps joué la carte de la « terreur », le mot n'est pas trop fort. Ordre minutieux sur chaque bureau, pas de sourire, défense de se serrer la main en arrivant en réunion pour ne pas perdre de temps, un *management way* rigoureux, applicable partout sans la moindre distorsion. Bref, un univers qui devait être sous un contrôle sans faille. Pour quoi faire ? Obtenir une qualité totale, but par excellence de cet ordre quasi militaire. En réalité, toutes les comparaisons ont montré que cette entreprise se situait en queue de peloton quant à la qualité obtenue. J'y ai observé bien plus qu'ailleurs le syndrome du « *not paid for that* », expression d'une grande passivité au travail. C'est une forme de « grève de la bonne volonté », individuelle mais pratiquée par le plus grand nombre. La préoccupation première des salariés de terrain, cadres compris, était de se protéger, et l'intelligence des acteurs leur avait fait trouver des solutions remarquables pour eux, mais catastrophiques pour l'organisation : dans un exercice pédagogique, j'ai étudié avec quelques-uns de ces cadres de « terrain » le temps nécessaire à la réparation d'une machine. Là où le temps « physique » pouvait être évalué à quatre heures, le temps réel était rarement inférieur à une semaine, sans que personne ne puisse y trouver à redire : la segmentation des tâches était toujours respectée, les règles strictement appliquées, mais personne ne bougeait le petit doigt pour alerter en cas de problème ne le concernant pas directement. Façon de dire au « gros bras » que l'on a vu ce qu'il ne voulait pas voir.

La conclusion qu'on en peut tirer, c'est que le terrain s'occupe très bien de lui. Il n'a pas besoin de la sollicitude de ceux qui ont choisi de s'en éloigner. En revanche, la vraie question de management qui se trouve posée est celle de son intégration dans l'ensemble auquel il appartient. Les mots ne suffisent pas, pas plus que le simplisme des solutions. Dire que l'on va revaloriser le travail manuel a rarement fait naître des vocations d'ouvrier. Il faudrait surtout dire moins et faire plus. En particulier, la connaissance réelle et concrète de ce qui vient d'être rapidement décrit est une des conditions pour éviter de voir se constituer des situations d'autonomie incontrôlables. Penser que la hiérarchie peut y remédier par son pouvoir théorique est illusoire.

Une fois compris ce que le terrain tire comme avantages de la confusion créée par le reste de l'organisation – ce qui ne peut s'obtenir que par un investissement dans la connaissance –, on peut alors travailler sur un échange acceptable à lui proposer. Il ne sera pas aisé de trouver des formes originales de management qui n'en fassent plus le bastion imprenable que tout le monde a contribué à ériger : mobilité horizontale et verticale, simplification de tout ce qui peut l'être par les acteurs eux-mêmes et bien sûr confiance peuvent être des leviers utiles. Une condition cependant : avoir compris qu'en ce qui le concerne le terrain « va bien », merci pour lui. En revanche bien des efforts doivent être faits par ceux et pour ceux qui se penchent sur lui avec sollicitude.

« *Il faut changer de culture* »

La pression dans laquelle vivent les entreprises – et dont tout donne à penser qu'elle est appelée à durer – les amène à chercher ce qu'elles peuvent changer pour faire face à cette situation dans les meilleures conditions. Elles ont d'abord privilégié les efforts de qualité puis les réductions drastiques de coûts. Nous avons vu les conséquences de ces choix sur leurs personnels. Celles-ci ont amené les dirigeants à prendre conscience que les changements « techniques » n'avaient pas la neutralité qu'ils avaient eu tendance à leur prêter et que le « discours du bon sens » pouvait parfois manquer de sens. Il est apparu que les comportements, l'organisation, les opinions, bref, tout ce qui relève du terme vague d'« humain », avaient un impact qu'ils avaient sans doute négligé. Leur formation ne les incitait pas à s'intéresser de prime abord à ces sujets, et les contraintes économiques leur semblaient devoir être comprises et acceptées par tous. Silence dans les rangs, donc.

Pourtant cette préoccupation s'est manifestée et il faut dire clairement que les DRH ont joué un rôle moteur dans cette – relative – prise de conscience. Ils représentent la première ligne de contact avec les salariés et constituent un baromètre crédible, capable d'appréhender les évolutions qui marquent les comportements des salariés. Il me revient en mémoire une conférence que j'ai faite lors de la sortie de *La Fatigue des élites*[1] devant une centaine de DRH. J'y expliquais donc les raisons de la souffrance et du retrait des cadres en termes vigoureux. La seule réflexion

1. François Dupuy, *La Fatigue des élites : le capitalisme et ses cadres*, Paris, éd. du Seuil, « La République des Idées », 2005.

qui me fut faite à l'issue de cette présentation fut : « C'est bien pire que vous ne le pensez. »

La prise en compte de cette dimension humaine a été chaotique. Ne revenons pas sur les désastres produits par la connaissance ordinaire comme seul cadre de référence ni sur le handicap constitué par l'ignorance des acquis de base des sciences sociales. Néanmoins, quelques thèmes prioritaires ont émergé des emballements managériaux. Nous venons d'en évoquer trois. À cela, et sans prétendre à l'exhaustivité, il faut ajouter celui de la culture d'entreprise. On va le voir, cette notion reste très vague pour la plupart des dirigeants, mais elle n'est parfois guère plus claire pour ceux qui s'en font les chantres. Néanmoins, elle est valorisante, le mot lui-même n'est pas sans noblesse et l'affirmation qu'il appartient au « leader » de la faire évoluer a fini de convaincre ces derniers qu'il fallait s'y intéresser[1].

Changer une culture d'entreprise suppose d'abord de savoir ce qu'elle est[2]. De très nombreuses définitions en ont été données. Voilà bien un domaine où chacun a pu laisser parler son imagination sans trop se soucier de la cohérence ni des implications des propos tenus. Celle qui me paraît la plus élaborée est due à John Kotter et James Heskett ; elle présente une sorte d'état du consensus sur le sujet. Pour eux, la culture est un ensemble de valeurs et usages partagés par l'ensemble du groupe ou du moins les instances dirigeantes[3]. Valeurs et usages, disent-ils,

1. Edgar Schein en particulier, pape de la culture, du leadership et du rôle du leader dans la création et l'évolution d'une culture d'entreprise, a développé ce thème. Voir Edgar Schein, *Organizational Culture and Leadership*, San Francisco, Jossey-Bass Publisher, 2010 (4e éd.).

2. Nous revenons au postulat de base de cet ouvrage : on ne peut agir de façon raisonnée et responsable quant aux conséquences de cette action que sur ce que l'on connaît.

3. John P. Kotter et James L. Heskett, *Corporate Culture and Performance*, New York, Free Press, 2011.

mais la lecture de l'ouvrage confère la primauté aux valeurs. C'est cela qui a été le plus volontiers retenu par les dirigeants. La lecture du livre permet de comprendre pourquoi : après avoir affirmé que les changements de culture sont délicats, les auteurs opposent deux modèles de culture qui n'étonneront personne : le modèle bureaucratique, celui des administrations publiques pour faire bref, marqué par l'incapacité d'anticiper, le refus du risque et le manque de créativité ; le modèle dit « évolutif », qui privilégie le goût du risque, la confiance et l'amour de l'action. On reste confondu devant un tel simplisme !

C'est dans ces écrits que les dirigeants et ceux qui les conseillent trouvent leur inspiration. Mais quelle réalité recouvre la distinction qui vient d'être faite ? Soutenons la thèse inverse : les administrations publiques ne peuvent fonctionner, même en ne produisant qu'une qualité relative, que si leurs membres font preuve d'initiative. Elle est indispensable pour éviter un blocage permanent de la machine qu'entraînerait la multiplication de règles et de normes contradictoires. Quant au modèle évolutif, je ne vois pas très bien où le trouver : j'ai montré les stratégies de protection de ses membres, la difficulté pour eux d'innover et de prendre des risques dans un univers qui ne leur envoie que des signes de défiance. En fait, ces propos se fondent sans difficulté dans le verbiage managérial déjà évoqué qui explicite l'idéal et ne s'intéresse pas à la réalité. Se laisser piéger par ces mots fait prendre de grands risques à l'entreprise et ses dirigeants. Cela les amène à rechercher, sans trop savoir comment, une culture mal définie que l'on ne trouve que dans les livres de management. On ajoutera à cela la surprise de voir la culture réservée, en cas d'échec de sa diffusion je suppose, aux instances dirigeantes. On ne peut qu'approuver l'idée que les dirigeants partagent une même culture – sous réserve qu'ils soient d'accord sur ce qu'elle est –, mais pourquoi renoncer à la répandre dans l'ensemble de l'entreprise ? Je sais que l'on me répondra : « C'est déjà pas mal. » Je crois cependant que nous sommes en pleine confusion intellectuelle.

Pour y voir plus clair, revenons à la notion d'intelligence de l'acteur, définie comme sa capacité à trouver une ou des solutions cohérentes avec le contexte dans lequel il se trouve. Ces solutions constituent des pratiques récurrentes dont certaines connaissent une grande permanence. Les mécanismes d'élaboration du budget par exemple constituent un ensemble de pratiques répétées tous les ans et difficiles à changer tant la vie de l'entreprise s'est articulée autour d'elles. On peut dire la même chose du rapport aux décisions : elles peuvent être appliquées telles qu'elles ont été prises, ou servir de base aux discussions qui permettront d'atteindre le choix final. Les modes d'évaluation structurent le comportement des acteurs et les amènent à privilégier certaines solutions plutôt que d'autres. Comme diraient les sociologues, les règles structurent le jeu. Elles induisent un ensemble de façons de faire concrètes, autour des actes majeurs de la vie de l'entreprise. Ce sont ces façons de faire qui constituent la culture de l'entreprise, si l'on tient absolument à utiliser ce mot.

On constate qu'elles ont peu à voir avec un système de valeurs tant que celui-ci n'a pas été traduit dans un ensemble de décisions qui vont impacter les façons de faire. Là réside le drame de bon nombre de dirigeants : ils souhaiteraient avoir des valeurs de haute tenue, une culture qui ne se formulerait qu'au travers de qualificatifs positifs, tout en gardant des règles contraignantes, destinées à assurer un contrôle rigoureux sur les uns et les autres. Et l'on a vu qu'elles conduisent à des stratégies de retrait et de protection. La question de la cohérence se trouve à nouveau posée et derrière elle celle de l'acceptation de la réalité telle qu'elle est. La transformation de cette réalité – appelons cela le changement de culture si l'on veut – implique de faire des choix. Ils font sortir le dirigeant de ses rêves idéalisés, abstraits et parfois manipulatoires. Ils le ramènent à la nécessité de dire clairement les comportements qu'il souhaite et surtout à créer les conditions qui les rendent effectifs.

Je reviens sur le souhait le plus souvent exprimé par mes interlocuteurs : avoir une culture de l'innovation. Ils le disent, le répètent et d'une certaine façon supplient leurs salariés de l'acquérir. Ce faisant, ils en appellent implicitement à la psychologie des employés, comme ils le font pour les valeurs. Mais la culture de l'innovation, c'est à eux qu'il revient de la construire, de la rendre possible et effective par des décisions difficiles, car elles les conduiront à renoncer à d'autres objectifs. Et la caractéristique des objectifs, quels qu'ils soient, c'est d'être tous plus prioritaires les uns que les autres.

On comprend alors le dilemme du dirigeant : il est aspiré par les objectifs du court terme. La situation de son entreprise lui laisse rarement le choix de donner la priorité au long terme, je n'insiste pas sur les raisons de cette situation. Construire ce qu'il est convenu d'appeler une culture, c'est construire quelque chose de pérenne. Les deux dimensions ne peuvent que se percuter et l'on comprend que la première a plus de chances de l'emporter que la seconde. Faire évoluer la culture de son entreprise requiert donc du temps, de la capacité à résister à la pression de l'urgence et par-dessus tout des choix clairs sur ce que l'on veut obtenir. On pourra alors comprendre les « incompatibilités » d'objectifs que cela va entraîner et, aussi difficile cela soit-il, choisir en connaissance de cause. Nous sommes partis d'une vision « idéale » d'une culture d'autant plus valorisante qu'elle reste abstraite ; nous arrivons sur les actes de management les plus exigeants : faire des choix raisonnés et en toute connaissance de cause. Définir et faire vivre cette culture du possible n'est pas moins ambitieux que s'épuiser à courir derrière une culture rêvée mais déconnectée du réel, d'autant qu'elle prendra enfin un sens concret pour les salariés et pourrait ainsi leur permettre de se sentir en phase avec leur entreprise décrite telle qu'ils la vivent.

CHAPITRE VIII

Les complices de la facilité : *business schools* et cabinets de conseil

Le management est une discipline – un art veulent faire croire les optimistes – encadrée par des institutions qui en élaborent les méthodes, en conceptualisent les pratiques et en diffusent les innovations et les meilleures façons de faire. Les *business schools* et les grands cabinets de conseil jouent ce rôle et tiennent donc, dans le dispositif général de la gestion des entreprises, une place de choix. Il y a un « système management » qui regroupe les entreprises, les grandes principalement, qui ont les moyens de mobiliser des ressources extérieures, les *business schools* avec leurs porte-drapeaux, derrière lesquels s'abritent une forêt impénétrable d'institutions de qualités très diverses et les cabinets de conseil, hiérarchisés par leur réputation, leur fonction et la place dans l'entreprise de celui qui peut faire appel à eux. Ce monde fonctionne comme la presse : on y fait « tourner » pratiques et idées comme cette dernière fait « tourner » l'information. Contrairement à ce que l'on pourrait croire, ce ne sont pas les institutions à vocation plus intellectuelle (*business schools* et cabinets) qui innovent. Là n'est pas leur rôle, et si c'était le cas, cela représenterait pour elles une aventure dans laquelle aucune n'est prête à se lancer : dire à une entreprise « nous avons inventé quelque chose de révolutionnaire », sans pouvoir donner les références de ceux qui auraient déjà tenté cette révolution, conduit à l'échec.

Diffuser, oui, innover, non, telle pourrait être la prudente devise de ces institutions.

En fait, ce sont les entreprises qui innovent et les autres qui suivent. Pour le dire autrement, ce sont les entreprises qui font l'essentiel du travail – bien ou mal, c'est une autre question –, et les autres acteurs se précipitent sur cette « chair fraîche », la moulinent, la modélisent, la conceptualisent et en fin de compte la diffusent. D'où le rôle des *benchmarks* pour les cabinets de conseil et des « cas » pour les *business schools*. Les deux servent à renvoyer dans les entreprises ce qu'on y a trouvé. On peut comprendre alors pourquoi la fonction d'innovation de ces deux institutions est singulièrement réduite : elles ne sont pas en capacité de faire émerger des idées nouvelles et se contentent de mettre en forme et de recycler en permanence ce qu'elles ont vu émerger dans les entreprises. C'est un système conservateur « par nature ».

Par contre, leur *business model* est efficace, qui conduit à revendre aux entreprises – cher la plupart du temps – ce qu'elles en ont tiré : leur travail ne consiste pas à analyser cette matière, à lui faire dire ce que l'évidence ne permet pas de percevoir, mais simplement à la modéliser, la mettre dans un « ordre pédagogique » qui permet la restitution ordonnée de cette connaissance ordinaire. Par là même se constitue une forme de savoir stéréotypé, qui reproduit et mouline à l'infini les mêmes principes et enferme l'ensemble de ce système dans un conformisme et un conservatisme faits d'idées reçues ou de « théories basées sur l'évidence » dont personne ne se soucie de savoir si elles correspondent à une quelconque réalité[1]. On peut alors qualifier ce qui en sort de

1. Ce sont les « *evidence based theories* » telles que décrites par Jules Goddard et Tony Eccles dans *Uncommon Sense, Common Nonsense : Why some Organizations consistently Outperform Others*, Londres, Profile Books, 2013.

« managérialisme », corpus de doctrines, d'évidences, d'idées reçues qui « caressent le manager dans le sens du poil », sans trop se soucier de la rigueur de ce qui est communiqué et même, nous allons le voir, en renonçant à établir la nécessaire distance entre les émotions exprimées et la réalité dans laquelle ces émotions se sont formées. Dans ces conditions, la probabilité que ces institutions viennent contrebalancer la connaissance ordinaire qu'elles sont chargées de formaliser est très faible.

Les business schools *n'aiment pas le marché*

Personne ne conteste l'idée qui a présidé à la création des *business schools*[1] : les cadres qui en constituent la clientèle ont une formation initiale à dominante technique et doivent, s'ils réussissent dans leur activité professionnelle, assurer des responsabilités de plus en plus larges. Celles-ci peuvent être techniques (marketing, finance, logistique, production, etc.) ou humaines : encadrement d'équipes de plus en plus importantes, ce à quoi les écoles initiales préparent peu, voire pas du tout. D'où l'émergence de programmes de « management général », d'une durée parfois consistante (un mois), destinés à donner à ces cadres une base de connaissances dans les différents domaines autour desquels se structure la vie d'une entreprise. À ce stade, rien à dire de particulier : schéma classique de l'émergence d'un marché et

1. Ces écoles assurent différents niveaux d'enseignement : certaines d'entre elles ont des formations de premier cycle (c'est le cas en France d'HEC par exemple), des cycles « MBA » (Master of Business Administration) qui forment les cadres après trois ou quatre ans dans l'entreprise et une activité « Executive Education » (formation des cadres en activité) qui est celle à laquelle je vais m'intéresser.

création d'entreprises qui vont se « positionner » sur ce marché d'autant plus intéressant que certains États ont rendu obligatoire la formation permanente et ont défini le minimum de ressources que les entreprises doivent y consacrer.

L'organisation dont se sont dotées ces *business schools* mérite d'autant plus d'attention que les traits qui la caractérisent n'ont fait que se scléroser avec le temps, selon la tendance universelle des organisations bureaucratiques. Elles se sont structurées autour des « matières » qui sont supposées rendre compte des activités d'une entreprise, dans une rigidité qui ne peut se comparer qu'aux spécialités médicales autour desquelles s'organise un hôpital. Celui-ci ne connaît pas le malade mais seulement la maladie ; une *business school* ne connaît pas l'entreprise, seulement les activités qui correspondent aux matières enseignées.

À cela, il serait facile d'opposer qu'il ne s'agit là que d'une question de structure dont la rigidité peut être aisément compensée par la coopération entre les enseignants, l'étude de cas interdisciplinaire ou toute autre solution restituant l'activité managériale dans sa complexité quotidienne. Il n'en est rien. Les tentatives sont aussi nombreuses que leurs résultats sont décevants. La bonne volonté des enseignants ne suffit pas à compenser l'impérialisme de leur matière et les discours se superposent, parfois se contredisent, mais jamais ne parviennent à donner une vision systémique de la situation ou du cas étudiés. Inutile de dire que les participants et les enseignants partagent la même frustration.

Cette endogénéité[1], qui surprend de la part d'établissements dont la vocation est de prêcher l'inverse, est expliquée de façon

1. Rappelons que le caractère endogène d'une organisation s'évalue par la priorité qu'elle donne à ses problèmes internes au détriment de ceux de son

assez convaincante par Warren Bennis et James O'Toole[1]. Ils soulignent que la performance des « enseignants » n'est pas mesurée par le marché (ceux à qui l'on enseigne ou les entreprises commanditaires), mais par le jugement des pairs, sur la base de publications connues de ces seuls pairs. Et en effet, qu'est-ce qu'un « professeur » dans une *business school* ? Avant tout quelqu'un qui fait de la « recherche » et la publie dans des revues spécialisées ou, si on voulait être caustique, publie des articles que personne ne lit dans des revues que personne ne connaît. Les « sessions d'enseignement » sont en grande partie sous-traitées à des enseignants provenant d'autres entités à moindre renommée, dont la réputation « dans l'amphi » a vite fait le tour de toutes ces institutions tant il s'agit d'une activité « mondialisée ».

Le système de sous-traitance fonctionne alors à plein : les écoles les plus réputées s'efforcent de tenir leur rang en matière de publications. Elles affectent donc à la recherche leurs jeunes professeurs qui de ce fait n'enseignent pas. Pour néanmoins délivrer les programmes qui font vivre la collectivité, elles font appel à des enseignants trop contents de pouvoir mentionner sur leur CV qu'ils émargent au budget d'une institution prestigieuse. Pour utiliser le vocabulaire de Bennis et O'Toole, les *business schools* ont fait le choix d'un modèle scientifique au détriment d'un modèle professionnel. C'est ce que j'appelle des organisations endogènes. On ne peut manquer d'être impressionné – et parfois inquiet – devant un tel modèle économique : voilà des institutions dont l'appellation même invite à penser que leur activité principale et nourricière est l'enseignement et qui

---

environnement pertinent. Dans une entité endogène, la logique de l'organisation l'emporte sur celle de la mission. Voir chapitre VII.

1. Warren Bennis et James O'Toole, « How business schools lost their way », *Harvard Business Review*, mai 2003.

consacrent la majeure partie de leurs ressources à une autre activité – la recherche – qui n'a qu'un faible impact sur le contenu des programmes. Le financement des coûts de structure générés par ce *business model* est une préoccupation constante et amène ces écoles à multiplier les promotions de MBA, appelées à jouer le rôle de « vaches à lait », ainsi que c'est enseigné dans les cours de stratégie.

Reste à discuter la nature et la valeur de la recherche produite par ces institutions car, même si ce faisant elles se détournent de leur mission affichée et de ce pourquoi leurs clients les sollicitent, cette recherche pourrait et devrait aider le management à sortir du travers de la connaissance ordinaire. Disons brutalement qu'aujourd'hui il n'en est rien. À l'image des sciences sociales aux États-Unis, à l'origine de la plupart des disciplines du management et qui se sont asséchées depuis les années 1980, la recherche effectuée dans les *business schools* est devenue quantitative, normative et prescriptive. Elle se fixe comme objectif de tout quantifier et de produire des modèles formels dont aucun ne correspond à une réalité vécue.

De ce fait, elle contribue à la constitution et à la diffusion de cette « réalité théorique » qui circule aujourd'hui dans le monde du management et donne lieu à des publications qui ne sont importantes que pour ceux qui les ont écrites et rarement pour ceux qui pourraient être amenés à les utiliser. Lorsqu'une de ces publications sort du lot de la « littérature grise », elle devient alors un best-seller mondial. C'est le bon côté de la chose[1].

1. Pour donner un exemple remarquable, c'est le cas du livre de Chan Kim et Renée Mauborgne, *Blue Ocean Strategy: How to Create Uncontested Market Space and Make the Competition Irrelevant*, Boston, Harvard Business Press, 2005.

Comment se renforce la connaissance ordinaire

Il est frappant de constater les critiques acerbes que subissent les *business schools* depuis le début du XXIe siècle : leurs clients traditionnels, les grandes entreprises occidentales, s'en éloignent au profit d'autres prestataires, que les Anglo-Saxons appellent les « boutiques [1] » : celles-ci n'ont aucune faculté à « nourrir », aucun programme sur les étagères, des coûts de structures très faibles et une capacité à s'adapter à la demande sans comparaison avec la rigidité des écoles traditionnelles. Examinons ces critiques : en apparence, elles ne portent pas sur le fond de ce qui est enseigné, mais sur les modalités pédagogiques. Le cours magistral en particulier, dans lequel un « sachant » tente de communiquer une connaissance construite à des gens qui vivent une pression croissante au travail, ne trouve plus beaucoup de défenseurs. Ce qui est privilégié, avec tous les risques que cela comporte, c'est la transmission directe de l'expérience, celle des « chefs », ou au moins celle des collègues.

On ne parlera alors plus d'enseignement, mais de « facilitation ». Personne ne peut résister à cette tendance ne serait-ce que compte tenu de la pression exercée par la concurrence : il y a aujourd'hui plus de 600 *business schools* aux États-Unis et ce nombre ne cesse de croître. Les Français comme les Espagnols tiennent le haut du pavé en Europe et ont développé des accords internationaux qui leur permettent d'étendre leur influence sur les « nouveaux territoires », ceux d'Asie en particulier.

1. Ce qualificatif n'a rien de péjoratif. Il désigne de petites équipes généralement de haut niveau qui tentent de substituer un « sur-mesure » de qualité aux programmes standardisés des grandes institutions.

Mais la contradiction devient flagrante – et inquiétante – entre la nécessité de céder à l'attente de participants qui ne viennent pas dans ces sessions pour subir une pression équivalente à celle de leur travail quotidien *et* l'exigence que requiert l'apprentissage de raisonnements plus complexes loin des banalités de la connaissance ordinaire.

Pour être précis, voici l'ordre d'efficacité des méthodes de développement personnel apprécié par les cadres eux-mêmes, tel qu'il est présenté par Goddard et Eccles[1] :

- Coaching par votre chef direct : 93 %
- Mobilité et changement de fonction : 86 %
- Apprentissage par l'action : 77 %
- Évaluation 360 degrés : 71 %
- Coaching par un professionnel : 57 %
- Sessions de formation internes : 48 %
- Jeux de simulation : 39 %
- Coaching par les pairs : 32 %
- Sessions de formation extérieures : 23 %

On le voit, la proposition des *business schools* arrive en dernière position, au contraire du coaching par le chef, largement plébiscité. Certes, ces résultats sont à considérer avec précaution. Mais je fais l'hypothèse qu'ils ne traduisent pas tant le rejet d'une forme pédagogique (l'exposé classique) que la prise de conscience par les participants d'un décrochage continu des enseignements, et donc de leur contenu, par rapport à la réalité qu'ils vivent sur leur lieu de travail. Les informations qui leur sont données à l'envi, les modèles qui leur sont présentés dans lesquels ils retrouvent peu de chose les concernant, l'absence de clés – de méthodologies donc – leur permettant de comprendre

1. Étude effectuée par le Corporate Executive Board.

et d'interpréter la complexité des organisations dans lesquelles ils vivent et travaillent, tout cela les détourne des écoles spécialisées, du moins quand ils sont en quête d'un enseignement efficace.

La critique de la forme ne peut donc pas être clairement distinguée de celle du fond. Les *business schools* l'ont compris et font petit à petit évoluer leurs modalités pédagogiques et leurs contenus pour s'adapter à la nouvelle donne. Qu'on me permette de dire que le remède est pire que le mal : il provoque l'émergence d'un cercle vicieux dont le résultat est d'accroître la « prime » à la connaissance ordinaire et à l'« inculture particulière ».

À « l'amphi » se substituent peu à peu des discussions, plus ou moins contrôlées, autour des « ressentis » des participants, sous l'œil attentif d'un facilitateur qui commente sobrement d'un « c'est intéressant » laconique l'énoncé de ces impressions toutes personnelles. À quoi les participants répondent par cette formule navrante, qui synthétise à elle seule la triste négation de toute connaissance élaborée : « Pour moi... » Si c'est ainsi « pour moi », pourquoi chercher à connaître la réalité de façon plus élaborée ? La vraie connaissance perd pied devant la bénédiction et la sanctification de la connaissance ordinaire.

Personne bien sûr ne se risquerait à nier l'importance de ce que vivent et ressentent les cadres. C'est d'ailleurs, pour le sociologue, la matière première de son travail. Par ailleurs, donner à ces participants une occasion de l'exprimer peut parfois les aider à accepter des situations difficiles à vivre. Ce point ne fait donc pas débat. Mais pour transformer cette expression au premier degré en une matière utile à tous, encore faudrait-il la « traiter », l'analyser, par des méthodologies permettant de sortir d'une interprétation sauvage et émotionnelle. Il faudrait pour cela que cette expression soit libre et surtout puisse s'extraire des discours convenus que cette population a été « formatée » à tenir : dans le monde du management, comme dans les autres, l'expression est codifiée. Le problème, c'est que cette phase de construction de la connaissance, bien trop contraignante, est évacuée et le sera d'autant plus que ceux qui sont en charge de la formation continueront d'en nier ou d'en ignorer la valeur et la nécessité.

C'est bien pourquoi on affecte immédiatement à l'expression collective de ces sentiments personnels et de ces impressions parfois très vagues une valeur équivalant à celle de travaux scientifiques de qualité. La vue est soudain brouillée, tout se mélange et si un participant exprime au débotté son désaccord avec la théorie de la rationalité limitée de Simon… eh bien que M. Simon retourne vite à ses chères études ! En quoi sa démonstration scientifique aurait-elle plus de valeur que le ressenti spontané d'un participant ?

Cette impossibilité d'imposer l'effort de l'apprentissage conduit ainsi à un renoncement qui vient enrichir et surtout légitimer la connaissance ordinaire. Cela se traduit, dans certaines matières réputées plus techniques, le marketing par exemple, par un glissement imperceptible de la formation vers l'information, beaucoup moins dangereuse à présenter car rarement source de désaccords. Pourquoi en effet se risquer à communiquer des méthodes, dont l'acquisition suppose de s'imposer une contrainte intellectuelle que seule une toute petite minorité va accepter ? En revanche, fournir des chiffres, des modèles, des statistiques est tellement plus aisé tout en restant très cohérent avec l'évolution de la recherche dans ces écoles.

Dès lors, la boucle est facilement bouclée : il en va des plus prestigieuses de ces *business schools* de même que des grandes écoles publiques françaises : l'important n'est pas tant ce que l'on y fait – et personne ne s'en soucie d'ailleurs – que le fait d'y avoir été. Participer à un de leurs programmes ne relève alors plus ni de la formation ni de l'information, mais de la récompense. Dans un tel cas, l'attractivité de la marque permet d'externaliser sur les entreprises clientes le coût très élevé du modèle économique dit « scientifique ».

En conséquence, les *social events* (les manifestations conviviales) finissent par prendre le pas sur les activités purement pédagogiques. La justification en est aisée : c'est dans ces nobles institutions que l'on peut se constituer les réseaux si utiles pour l'avenir. La pédagogie elle-même se permet de plus en plus de fantaisies, dans lesquelles on oublie certes un peu l'apprentissage mais qui rendent ce qu'il en reste si attractif ! Je ne raconterai pas ici tout ce que j'ai vu faire accepter à des participants en matière d'exercices d'*ice breaking* (briser la glace) ou de *team building* (constituer une équipe)... L'imagination est au pouvoir !

Puis-je simplement répéter ici qu'il y a soixante-dix ans déjà que les travaux menés par l'armée américaine ont démontré que la nature des relations au sein d'un groupe varie considérablement selon le contexte dans lequel se trouve ce groupe ? Les pratiques évoquées témoignent ainsi par elles-mêmes de l'inculture profonde de ceux qui les initient. Ce que l'on finit par évaluer, ce n'est pas ce que les participants ont appris, mais s'ils se sont bien amusés ! Je conçois bien qu'une réponse positive soit appréciable dans ce monde où le travail est générateur de souffrance. Mais le tableau présenté plus haut montre que personne – du moins parmi les participants – n'est dupe : dès qu'il s'agit d'évaluer l'efficacité et l'intérêt de l'exercice, l'enthousiasme retombe et l'appréciation avec.

Qu'on me comprenne bien : il n'y a de ma part aucune critique personnelle. Les enseignants des *business schools* que j'ai fréquentés de par le monde sont dans leur immense majorité des gens remarquables, intelligents et compétents. Ils sont pris dans un système qui ne leur laisse que des marges de jeu très réduites.

Je me souviens d'une discussion avec six de mes collègues lors d'une réunion du comité scientifique d'une de ces institutions. Autour de la table se trouvaient deux Belges, un Anglais, un Allemand, un Indien et deux Français. Aucun d'entre nous n'enseignait la même matière ; quatre *business schools* étaient représentées. La discussion s'engagea sur la façon dont nous concevions notre métier, la pédagogie et surtout les contenus. Chacun, par approximations successives, commença à questionner le rapport de ces contenus avec la réalité des entreprises telle que nous la connaissions, tout en soulignant à quel point nous étions contraints dans l'exercice de ce métier. Soudain, l'un d'entre nous, que je tiens pour quelqu'un de remarquable, s'écria : « Mais pouvons-nous vraiment dire la vérité ? » D'un commun accord, nous décidâmes d'aller boire un café…

Les cabinets de conseil : l'accès à la connaissance ne rapporte pas assez

Décidément, le très fameux Glass-Steagall Act[1] eut bien des conséquences. Sans entrer dans les détails, les dispositions qu'il contient induisaient une perte de chiffre d'affaires pour les sociétés d'audit traditionnelles, largement développées aux États-Unis. Elles l'ont compensée en créant une nouvelle activité, connexe de la précédente, le conseil, qui depuis n'a cessé de se développer au point de voir se constituer des géants dont la notoriété de marque n'a rien à envier à celle de Coca-Cola ou

1. Instauré en 1933, le Glass-Steagall Act, du nom des deux sénateurs américains qui l'ont proposé, est surtout connu pour avoir établi l'incompatibilité des activités de dépôt et des activités de financement au sein d'une même banque.

L'Oréal[1]. Ces cabinets de conseil sont devenus aujourd'hui des partenaires indispensables à tous les niveaux où se prennent et se mettent en œuvre des décisions au sein des entreprises. Pour affirmer leur présence à tous ces échelons, ils ont segmenté le marché et se sont réparti les lieux et les thèmes d'intervention : les plus importants d'entre eux, les *big five or six*, effectuent leurs prestations auprès des dirigeants. Dans les canons du conseil, être capable d'être présent dans la salle où se tient un comité exécutif[2] est considéré comme une consécration à laquelle tout un chacun aspire.

Ceux qui y parviennent conseillent les dirigeants sur la stratégie avant tout, laquelle constitue leur cœur de métier en même temps que l'activité la plus noble de la profession Mais ils n'hésitent pas, comme dans toute industrie, à « capter la valeur » là où elle se trouve. Au fil du temps, ils se sont donc diversifiés vers l'organisation (au sens des structures bien entendu), les achats, et vers tous les thèmes à la mode qui envahissent régulièrement l'espace du management : la culture d'entreprise aussi bien que tous les aspects de la gestion des ressources humaines par exemple.

Les niveaux inférieurs ont à leur disposition, pour effectuer des missions moins prestigieuses, toute une batterie d'intervenants qui vont de l'expert individuel à l'entreprise petite ou moyenne, qui tous tentent de proposer des approches originales. En particulier, ils cherchent à se différencier en se présentant comme des spécialistes du thème fourre-tout connu sous le nom de « gestion

1. Sur l'apparition des grandes sociétés de conseil et leur exportation vers l'Europe, on peut lire le remarquable ouvrage de Marie-Laure Djelic, *Exporting the American Model : the Postwar Transformation of European Business*, Oxford, OUP Oxford Publisher, 2001.

2. En anglais, le *board room*. Le vocabulaire du conseil emprunte beaucoup à cette langue.

du changement », le *change management*, dit-on dans le métier. En somme, chacun veut marquer sa différence en faisant la même chose que les autres…

Par ailleurs, beaucoup de ces intervenants viennent eux-mêmes des entreprises, soit qu'ils aient décidé volontairement de tenter l'aventure de l'entrepreneuriat, soit qu'ils aient été « externalisés » comme l'on dit pudiquement, en réalité sommés de se mettre à leur compte par l'entreprise pour laquelle ils travaillaient. Pour la plupart d'entre eux, être « consultant » est un rêve qui peut très vite se transformer en cauchemar tant il est difficile de trouver des missions, une fois que l'entreprise que vous avez quittée cesse de vous approvisionner. Lorsque l'on y parvient, la concurrence est telle que les prix de journée leur permettent à peine d'assurer un revenu décent.

Je vais m'intéresser ici à ceux que l'on appelle les « grands cabinets ». Ce sont eux en effet qui servent de « modèle inavoué » à toute la profession et participent à la sclérose de la pensée et à la diffusion d'une connaissance plus qu'ordinaire, relookée pour l'occasion en ordonnancement rationnel de la pensée managériale[1]. Pour en comprendre le mécanisme, il faut s'intéresser à leur modèle économique.

Précisons, pour les non-spécialistes, qu'il existe au sein de ces organisations une hiérarchie bien établie : on est consultant junior, consultant senior ou *partner*. Les premiers sont recrutés à la sortie des grandes écoles ou des programmes de MBA des *business schools*. Rejoindre un cabinet de conseil à forte notoriété est considéré par ces jeunes comme un excellent apprentis-

1. C'est cet aspect sclérosant qui suscite le plus de critiques. Voir par exemple Pierre-Yves Gomez, « Trop de consultants nuit à la stratégie », *Le Monde*, 17 septembre 2012 ; Muriel Jason, « Les consultants confrontés à la montée des critiques », *Les Échos*, 22 février 2012.

sage de la vie professionnelle. Ils parviendront assez rapidement à « passer » consultants seniors, ce qui leur permettra d'assurer des responsabilités d'exécution plus importantes. En revanche, le passage au grade supérieur requiert d'avoir démontré des compétences particulières dans la vente de projets complexes et dans la gestion de la relation à de grands comptes. Le principe dit du « *up or out*[1] » assure à la fois la qualité de ceux qui font carrière au moins un certain temps dans le cabinet et une mobilité propre à renouveler la base de cette pyramide.

Que demande-t-on aux uns et aux autres ? Les *partners* doivent vendre et développer des contrats qui seront exécutés par les consultants juniors et seniors. Ils ont le contact avec les dirigeants, auprès desquels ils représentent la marque du cabinet. À la différence des experts de haut niveau que l'on trouve dans la profession et qui souvent travaillent en indépendants, ils ne vendent pas leur nom mais celui du cabinet. La distinction est importante de deux points de vue : d'une part, personne n'est indispensable dans le cabinet et la substituabilité est la règle ; d'autre part, c'est le cabinet qui, de par sa réputation conquise de longue date, porte la fonction de légitimation qui justifie que l'on fasse appel à lui. Une décision, un changement, une structure nouvelle, proposés par cette véritable institution, acquièrent de ce fait une légitimité indiscutable. Et d'ailleurs, personne ne demandera qu'on évalue les résultats concrets qui ont été obtenus avec cette bénédiction. La mission implicite a été accomplie, dès lors que le dirigeant se trouve dédouané des choix qui ont été effectués.

La contrepartie de ce transfert de responsabilités, de ce *deal* non dit, c'est l'acceptation d'un contrat dont l'exécution va nécessiter le déploiement du plus grand nombre possible de

1. « Ou tu montes, ou tu t'en vas. »

consultants juniors et seniors. Ceux-ci vont venir s'installer « à domicile », dans des bureaux qui leur sont spécialement affectés, et vont produire des pages et des pages de structures, de règles, de procédures, de *process*, tous censés définir une nouvelle organisation répondant aux nécessités exprimées par le dirigeant et dont personne ne questionne le bien-fondé. Si le dirigeant s'est trompé dans ses présupposés, qu'à cela ne tienne : on effectuera une nouvelle mission pour corriger le tir. Et, de toute façon, si le vent tourne, on tournera avec lui et on défera ce qui a mobilisé tant de monde pour être fait.

La logique est implacable : le *partner* vend, les autres exécutent et les modalités d'évaluation et de rémunération consacrent cette division du travail. Le premier n'est pas censé produire et, s'il le faisait, son coût serait trop élevé pour qu'il puisse générer une marge intéressante. Sa part de rémunération variable, bien plus importante que dans n'importe quelle autre profession, dépend avant tout du travail qu'il a procuré aux consultants juniors et seniors. Il doit donc cibler des missions nécessitant une main-d'œuvre abondante, mise à disposition le plus longtemps possible. Les consultants quant à eux exécutent en allant toujours davantage dans un détail rémunérateur. Au besoin, ils signalent les opportunités annexes, ce qui leur vaudra les félicitations du *partner* en charge et, à condition qu'ils acceptent que ce dernier s'attribue l'extension du contrat initial, des possibilités de promotion.

Trouver une solution sans connaître le problème

Dans ce schéma de travail, il ne reste aucune place pour l'imprévu. Les acteurs en présence (tant les consultants que leurs clients d'ailleurs) partent de l'hypothèse implicite mais récurrente que les choses se passeront par la suite comme cela a été annoncé. Ce quasi-postulat est d'autant plus étonnant qu'une simple connaissance empirique montre que ce n'est jamais le cas. Mais il constitue la base de la connaissance ordinaire, donc... Il est d'ailleurs frappant de lire une de ces longues, très longues, propositions faites au client et qui donnent le sentiment que la solution est prête avant même que le problème n'ait été identifié. Si elle comporte une partie de diagnostic, celle-ci est toujours très légère et le cas échéant offerte au client. Car c'est davantage un instrument promotionnel, une démarche commerciale, qu'un moyen d'acquérir une connaissance qui risquerait de venir perturber ce bel ordonnancement. Elle préexiste en fait à la demande du client.

Il est aisé de reconstituer la logique de ce choix : constituer de la connaissance par des méthodologies provenant des sciences sociales mobilise peu de monde, mais du monde hautement qualifié. Se livrer à cet exercice conduirait donc à une pratique contraire au modèle économique des grands cabinets : non seulement les *partners* devraient vendre, mais ils devraient exécuter et mettre en œuvre des propositions ne correspondant sans doute pas à celles, préemballées, qui sont sagement rangées dans les tiroirs ou sur les étagères de la maison mère. Non seulement la facturation s'en ressentirait de façon insupportable pour le cabinet dans son ensemble, mais le travail de ceux ayant gravi les échelons se révélerait sans doute beaucoup plus exigeant que dans le modèle traditionnel. Le choix est vite fait. Personne n'a jamais réussi à bâtir un « grand cabinet » autour de pratiques issues des sciences sociales. Ceux qui s'en sont approchés ont attendu le moment propice pour rejoindre un des leaders du secteur et ont dans le même mouvement rejoint les pratiques dominantes. Répétons-le, les deux modèles économiques sont incompatibles.

La pratique des *benchmarks* est une illustration caricaturale de la logique dominante. Chaque entreprise se voudrait spécifique et originale : « chez nous, ce n'est pas pareil » constitue un des leitmotivs de la connaissance ordinaire, exprimé avec fierté et assurance lors de la première rencontre avec n'importe quelle entreprise. Avec du recul, on peut y voir une nouvelle manifestation de l'incapacité à distinguer l'anecdote du fait[1]. Mais en même temps que s'affirme ce particularisme de façade, tous les responsables aspirent à minimiser les risques inhérents à la prise de décisions qui entérineraient ces différences et conduiraient à des solutions originales et innovantes. Les rassurer par un *benchmark* bien ficelé est une manne pour les cabinets de conseil. Car comment mieux éviter de faire des erreurs qu'en reproduisant les bonnes pratiques essayées et validées par les autres ? Pourquoi toujours vouloir réinventer la roue ? Alors comparons ! Amenons le client chez nos autres clients, pour lesquels nous avons organisé des circuits comparables chez ceux qui les avaient précédés. Ainsi tourne la machine à fabriquer le conservatisme et l'immobilisme avec également hélas les accidents industriels que cela génère. Car ce qui est bon pour l'un ne l'est pas obligatoirement pour l'autre. Mais comment le saurait-on quand on a précisément négligé d'approfondir la connaissance de l'un et de l'autre ?

On pourrait m'objecter que ces grands cabinets de conseil produisent de la connaissance et la diffusent. Chacun a sa *newsletter* et présente des « histoires » d'entreprises, des études effectuées sur l'évolution de tel ou tel marché et des modélisations « à l'anglo-saxonne » proches de celles qui sont enseignées dans les *business schools*. Certes. Mais je n'hésite pas à dire qu'il s'agit là d'une « connaissance marketing[2] », destinée à montrer au

1. Voir chapitre V.

2. L'ouvrage emblématique de cette pratique est celui de Tom Peters et Robert Waterman, *Le Prix de l'excellence : les secrets des meilleures entreprises*, Paris, InterÉditions, 1983. Les deux auteurs étaient à l'époque chez McKinsey et ont produit cet ouvrage qui a connu un succès planétaire. Reste à se demander combien

client le niveau d'intelligence et de culture des membres les plus influents du cabinet, dont par ailleurs personne n'a jamais douté. En outre, on compense ainsi l'inculture spécifique en démontrant une connaissance du monde des affaires qu'aucune entreprise ne saurait acquérir par elle-même et qui constitue la garantie implicite du travail exécuté et celle, en amont, de la proposition remise au client.

On l'aura compris, le modèle économique de loin le plus performant que proposent les grands cabinets de conseil est celui qu'ils s'appliquent à eux-mêmes. Il est redoutable d'efficacité non seulement financière, mais aussi, il faut le dire, en matière de gestion de ressources humaines. En témoigne l'importance donnée au *stewardship*[1] dans l'évaluation des *partners*. Les consultants de ces grands cabinets travaillent beaucoup, mais leur développement est une préoccupation constante de l'organisation.

Pour le reste, ces cabinets participent activement à la primauté de la connaissance ordinaire sur la connaissance élaborée. Ils ont compris les faiblesses résultant de la paresse managériale et une bonne partie de leur travail consiste à faire celui que leurs clients ne veulent pas assurer. À leur tour et logiquement, ils minimisent le risque en utilisant des modèles standardisés dont ils n'envisagent de changer que lorsque les entreprises se sont résolues, de leur propre initiative et la plupart du temps sous la contrainte, à en faire émerger de nouveaux. D'une part, la créativité n'est pas leur tasse de thé ou plus exactement représenterait un aléa dérogatoire aux modes d'action très bien sécurisés. D'autre part et surtout, ils maintiennent ainsi, à la force de leur légitimité, une pensée et une pratique segmentées qui, par définition, étendent

des entreprises remarquables étudiées dans cet ouvrage ont survécu jusqu'au début du XXIe siècle.

1. Le fait de prendre en charge le développement des jeunes consultants.

le *business* à l'infini, tant les ramifications peuvent y être nombreuses.

Les présentations « PowerPoint » constituent le « dessin » emblématique de cette pensée segmentée et tentaculaire[1]. Sous le regard d'abord étonné mais bientôt dépassé des spectateurs, rien ne semble pouvoir arrêter le déferlement linéaire de points, qui se transforment le moment venu en autant de missions à accomplir. Le mode d'analyse utilisé et transcrit par cette méthode n'autorise pas à espérer qu'un de ces points puisse être le point final. Pourquoi chercher alors, par une analyse plus systémique que linéaire, à interrompre un défilé si prometteur ?

1. Franck Frommer, dans un livre célèbre, s'est livré à une critique sans concession du logiciel PowerPoint. Il y dénonce à juste titre une culture du visuel destinée à présenter un spectacle total, dans lequel les *bullet points* se substituent à la rigueur et à la raison. Voir Franck Frommer, *La Pensée PowerPoint : enquête sur ce logiciel qui rend stupide*, Paris, La Découverte, 2012.

Conclusion
À contre-courant[1]

Est-ce de la naïveté de considérer que le trio « paresse intellectuelle-inculture-connaissance ordinaire » doit et peut être remis en question ? On pourrait le penser tant il domine non seulement la vie des entreprises, mais aussi la vie collective en général : l'immédiateté, les émotions, les jugements abrupts envahissent notre espace social. Peu de place est laissée à la prise en compte de la complexité dans un monde qui, je l'ai noté, l'oppose au concret dans un contresens magistral mais qui semble faire l'unanimité. Là où se forge notre appréhension du monde, la télévision par exemple, la culture comme l'analyse approfondie et argumentée sont cantonnées dans des créneaux qui les réservent à la minorité pour qui elles ont du sens. Ce n'est pas une surprise : l'observation du monde économique nous l'apprend : là où il y a un marché, il y a une offre. La demande de connaissance ordinaire l'emporte largement sur celle de la connaissance élaborée et les médias le traduisent dans leur programmation. S'en offusquer relève d'un élitisme fermé et intransigeant pour ne pas dire borné. En ce qui me concerne, je ne peux pas à la fois dénoncer la souffrance au travail, les contraintes

1. *À contre-courant* est le titre du deuxième volume des mémoires de Michel Crozier.
Voir : Michel Crozier, *À contre-courant*, Paris, Fayard, 2004.

qu'il impose et m'étonner que le soir venu ceux qui les subissent ne souhaitent pas « remettre une couche » d'efforts, seraient-ils intellectuels.

Pour en revenir à l'entreprise, le procès en naïveté pourrait être encore plus radical : malgré tous les manques énumérés dans les pages qui précèdent, bon an mal an ces entreprises marchent. On peut s'en émerveiller à l'image des cheminots français regardant les trains et s'exclamant « et pourtant ils roulent », tant le fonctionnement de leur organisation leur semblerait devoir rendre cet exploit impossible. Elles marchent, oui. Mais les signes de fragilité se multiplient et les salariés comme les dirigeants le savent bien qui sont les uns et les autres aux aguets. Les premiers sont en permanence sur leurs gardes, guettant les rumeurs de fusion, de délocalisation, de restructuration. Ce n'est pas pour rien que les deux entreprises dans lesquelles les Français préféreraient travailler sont EDF et la SNCF. Ce ne sont pas les plus « glamour », mais au moins, disent-ils, on y est moins mal traités qu'ailleurs et leur survie semble plus assurée. Les dirigeants quant à eux ont appris depuis longtemps déjà que le « *too big to fail*[1] » n'était plus qu'un mirage. La plupart d'entre eux, à l'exception des créateurs ou des descendants de créateurs, savent qu'ils sont sur un siège éjectable s'ils ne « sortent » pas une rentabilité de haut niveau, quel que soit par ailleurs le taux d'inflation.

Un signe met en lumière cette fragilité : l'appel soudain et très pressant à l'engagement des salariés[2]. Cette démarche a quelque chose de pathétique. Pendant des années, tous ceux qui consi-

1. « Trop gros pour faillir ». C'est aussi le titre d'un livre qui décortique la fragilité des géants de la finance de Wall Street. Voir Andrew Ross Sorkin, *Too big to Fail : Inside the Battle to Save Wall Street*, Londres, Penguin, 2010.

2. Voir chapitre VII.

dèrent qu'il y a quelque intérêt à s'intéresser à la réalité ont alerté sur la détérioration du travail et ses conséquences sur toutes les catégories de salariés. Les dirigeants n'ont pas jugé utile d'en tenir compte, les exigences du marché devant s'imposer à tous. Les organisations ont subi une révolution sans doute utile, mais dont personne n'a jugé bon d'anticiper les effets. La rationalité économique, par définition unidimensionnelle, a dispensé de cet effort d'anticipation des conséquences humaines induites par les changements répétés imposés aux entreprises et à leurs salariés. Ceux qui pensaient que la lutte des classes était à ranger aux rancarts de l'histoire l'ont vue se reconstituer sous leurs yeux sous une forme à laquelle personne n'avait pensé : pas de grand soir, mais une fuite lente et inorganisée, individuelle bien plus que collective, du travail et de ses contraintes. Tant que les conséquences ne s'en sont pas directement fait sentir, tout cela s'est déroulé dans l'indifférence de ceux pour qui ces questions ne représentent qu'un intérêt marginal et en tout cas ne méritent pas qu'on y investisse financièrement et/ou intellectuellement.

Mieux même, ou pis, c'est selon : la première réaction fut la répression par le biais de tous ces mécanismes de contrôle que les entreprises furent capables d'inventer, et elles n'ont pas manqué d'imagination. C'est là sans doute que la connaissance ordinaire a subi sa première défaite en rase campagne. Allez ! Édictons de la règle, toujours plus de règles et on saura ce que font ces gens qui ne veulent pas comprendre qu'ils doivent se mobiliser. Pour qui ou pour quoi au fait ? Peu importe. Aujourd'hui, alors que les salariés ont vraiment « décroché » et trouvé des alternatives dans des univers « chauds » où se compense la froideur glaciale des entreprises, on leur explique que tout le monde est dans le même bateau…

Et l'inculture spécifique, l'ignorance des quelques connaissances de base qui permettraient pourtant de se repérer dans la complexité de l'action collective, est la cause inexorable d'une deuxième défaite. Nombreux sont les dirigeants qui pensent qu'il suffit d'expliquer ce qui, à leurs yeux tout au moins, relève du bon sens pour que cela prenne du sens pour les salariés. C'est ainsi que l'on dit aux salariés que l'engagement doit être une des valeurs de leur entreprise, au besoin on leur explique que ce sont eux qui en ont décidé ainsi et qu'il serait donc bon qu'ils adoptent des comportements en cohérence avec ces valeurs. C'est simplement raisonner à l'envers, mépriser la complexité des organisations et celle des comportements humains. Dès que l'on sait que l'acteur ne se comporte pas suivant des valeurs abstraites mais que celles-ci viennent rationaliser des comportements « intelligents », comment s'étonner que ces injonctions n'aient aucun écho chez les salariés ? Ce n'est pas qu'ils ne comprennent rien, qu'ils soient sots ou malveillants. C'est tout simplement qu'ils privilégient une réponse cohérente avec le contexte dans lequel on les fait évoluer. Ils comprennent, mieux que leurs dirigeants semble-t-il, qu'on leur parle d'une réalité théorique alors qu'eux vivent dans une réalité pratique. En définitive, l'abstraction ne se trouve pas là où l'on pensait la trouver.

En somme, les salariés fuient l'idéologie dont on croyait jusqu'ici qu'elle était l'apanage du monde politique. Et pour poursuivre la comparaison, observons qu'il est troublant de retrouver derrière l'expression après tout bonhomme de « connaissance ordinaire » une idéologie quasi totalitaire[1], qui, comme toutes les idéologies, a ses théoriciens et ses propagandistes. Je sais que l'emploi d'une telle expression fera réagir autant que celui du mot « coercition », aujourd'hui accepté, même du bout des lèvres,

1. Idéologie au sens d'un cadre conceptuel n'ayant qu'un rapport lointain avec la réalité, et du refus de voir la réalité autrement qu'à travers le prisme de cette grille de lecture ou de la décrire avec d'autres mots que ceux du discours imposé.

pour désigner les méthodes managériales destinées à contrôler l'activité des salariés. Mais au-delà de la sévérité du vocabulaire, chacun comprendra que ces méthodes, ces façons de faire, ces discours abstraits, théoriques et manipulatoires ont atteint leur limite.

Le coût de la connaissance ordinaire

Nulle naïveté en revanche dans la liste de ce qui contraindra nécessairement à bousculer le *statu quo*. Car ce ne sont ni les bons sentiments ni l'humanisme entrepreneurial hérité du passé – mais qui n'a plus cours aujourd'hui – qui feront bouger les lignes. Seuls les coûts de toutes sortes générés par les dérives et la pauvreté de la pensée managériale peuvent amener les entreprises à réagir. Encore faut-il pour autant qu'ils soient perçus. C'est donc, aussi paradoxal que cela puisse paraître, dans les coûts les plus difficiles à supporter que l'on peut placer le plus d'espoir.

Ce sont d'abord et surtout ces fameux « coûts cachés », ceux que décrivent si justement Henri Savall et Véronique Zardet dans la présentation de leur ouvrage[1] :

> L'amélioration de la cohésion et celle de l'implication plus grande du personnel sont les leviers de l'accroissement des performances durables et de la capacité des entreprises à surmonter la crise. L'entreprise accumule les dysfonctionnements et les coûts cachés nés d'une interaction permanente entre les structures et les

1. Henri Savall et Véronique Zardet, *Maîtriser les coûts et les performances cachés*, Paris, Economica, 2010 (5e éd.).

comportements humains, ce qui affecte la compétitivité, l'efficacité, la rentabilité et la qualité du fonctionnement de l'entreprise.

Malheureusement, les coûts cachés clairement imputables au déficit de raisonnement ne sont pas directement identifiables, contrairement à ceux liés à la multiplication de réunions rendues nécessaires par l'absence de coopération entre les gens. Il en va de même des coûts cachés induits par l'utilisation abusive de solutions toutes faites arbitrairement « importées » à partir des *benchmarks* évoqués plus haut, sans souci de leur réelle adéquation avec le problème à résoudre. Ni identifiables ni quantifiables donc, et pourtant ils existent…

Mais puisqu'« on ne convainc jamais personne », ne cherchons pas à convaincre et plutôt que d'espérer vainement une compréhension nécessairement « intellectuelle », remettons-nous-en plutôt aux « défaites managériales » pour obliger à ce que les bonnes questions soient posées pas à pas et les pratiques actuelles remises en cause.

Jusqu'à présent, de tels pas en avant n'ont eu lieu qu'en situation de crise grave. Dans ce cas, les « sciences molles » reconquièrent quelque légitimité. Qu'on me permette une plaisanterie : on m'a souvent demandé où se situait la sociologie dans le spectre complexe du conseil. « Juste après McKinsey et juste avant Dieu », ai-je pris l'habitude de répondre sous forme de boutade. Car il faut au moins une situation diagnostiquée inextricable pour que soit fait « en dernier recours » appel à ces sciences que beaucoup en effet qualifient de « molles ». Et ma foi, le paradoxe peut être plaisant quand les images s'inversent : le manager, réputé homme d'action ancré dans le concret, découvre soudain qu'il ne contrôle plus cette réalité qu'il croyait pourtant bien connaître et maîtriser. Et c'est le pratiquant d'une de ces disciplines *soft*, jusque-là ignorées parce que réputées intellectuelles – avec toute la connotation négative que peut véhiculer ce mot dans un monde en régression –, appelé en désespoir de cause, qui va lui faire toucher du doigt la « réalité vraie ». En somme, le manager est abstrait et le sociologue est concret… Mais quand on en est là, plus personne ne discute ce constat troublant.

Néanmoins, même si la crise est un facteur décisif de prise de conscience des dysfonctionnements et met au grand jour les coûts cachés, son incidence humaine est trop douloureuse pour que l'on puisse souhaiter qu'elle se généralise et provoque « le grand soir » de la révolution intellectuelle et managériale.

On le comprend d'autant plus aisément que le second coût induit par la connaissance ordinaire est précisément le coût humain. Qu'on ne s'y trompe pas : ce qui pose problème aux entreprises – du moins jusqu'à présent –, ce n'est pas que les gens souffrent au travail. J'ai déjà présenté dans ces pages l'interprétation implicite ou explicite qu'en donnent les dirigeants, lorsqu'ils en ont conscience : c'est une conséquence, malheureuse certes, mais inévitable des changements survenus dans la compétition économique. La souffrance au travail relève donc d'une fatalité qui peut se gérer à la marge. Elle ne devient elle-même un coût identifiable, un enjeu véritable sur l'agenda des dirigeants qu'en cas d'apparition de « problèmes psycho-sociaux », sources de nombreuses difficultés aussi bien avec les syndicats qu'avec les pouvoirs publics. C'est un premier stade. Le second, nous l'avons vu également, est constitué par la fuite des salariés vers des investissements alternatifs, par ces stratégies de retrait contre lesquelles il est d'autant plus difficile de lutter qu'on aura émis tant et tant de règles pour les éviter. Ce sont elles qui rendent possibles les stratégies alternatives. La vertu pédagogique pour les dirigeants de ce constat du désinvestissement du travail est incontestable et nous ne sommes sans doute qu'au début de cette phase d'apprentissage.

Mais il y a un troisième coût qui touche, lui, la collectivité dans son ensemble et donc n'affecte que marginalement les entreprises déjà empêtrées dans leurs propres difficultés. Traditionnellement, celles-ci ont exercé, à l'image de toutes les autres grandes organisations, telles que l'Église, les syndicats ou le Parti communiste dans certaines zones, une fonction d'apprentissage de la vie sociale et de première intégration dans le monde du travail. On le sait, ces grandes institutions ont peu à peu disparu du paysage ou, à tout le moins, n'y jouent plus le rôle qui était le leur. L'entreprise à son tour, menacée en permanence par les contraintes qui pèsent sur elle, a abandonné sa fonction sociale : ce n'est pas pour rien qu'elle-même se plaint du comportement des générations X ou Y. Celles-ci savent toute l'incertitude qui va peser sur leur entrée dans le monde du travail ; les contrats qui leur seront proposés seront précaires et les stages à répétition plus ou moins bien rémunérés. Dans une étude effectuée pour un sous-traitant de l'industrie automobile travaillant en flux tendus, de jeunes techniciens très bien formés ne cessaient de déclencher des grèves perlées. En désespoir de cause, la direction leur a fait savoir qu'ils « sciaient la branche sur laquelle ils étaient assis ». La menace de délocalisation de la production était claire. Interrogés sur ce point, ces salariés n'ont manifesté aucune émotion. Ils ont simplement répondu qu'ils venaient de la précarité, qu'ils avaient de grandes chances d'y retourner et qu'en attendant ils prenaient ce qu'il y avait à prendre.

La fonction de socialisation des grandes entreprises en particulier s'estompe donc à son tour et participe au retrait des salariés les plus jeunes vers d'autres communautés. Chacun sait que l'espace entre communauté et communautarisme est ténu. Cela ne veut pas dire qu'il soit du rôle des entreprises de remédier à la déstructuration progressive de la société. Mais il est bon de souligner que la gestion sans imagination et stéréotypée de ces organisations renforce des tendances déjà à l'œuvre. Comme toujours, ce phénomène social s'explique non pas par une cause unique mais par une conjonction de causes. De par leur impact sur le travail, les pratiques managériales tiennent une place non négligeable dans la conjonction présente.

Où est l'espoir ?

Des prises de conscience s'effectuent çà et là, en particulier aux États-Unis, d'où proviennent pourtant les modes de pensée aujourd'hui dominants. Mais à y regarder de près, le conformisme ambiant les avale sans difficulté. L'administration publique constitue un exemple éclairant de la difficulté à changer les pratiques : en matière de management, tout y a été essayé dans l'enthousiasme que provoque l'innovation chez ceux qui en sont les pionniers. Mais en fin de compte, tout a été avalé et digéré, et le taylorisme reste toujours le modèle dominant et apprécié, il convient de le rappeler.

Toutefois, certaines entreprises, encore minoritaires il est vrai, prennent conscience de l'impasse vers laquelle elles se dirigent en conservant et accentuant leurs modalités de gestion actuelles et en persévérant dans les modes de raisonnement qui les induisent. C'est sur ces entreprises et le type de réaction qu'elles développent que l'on peut parier : elles essaient d'« ouvrir le jeu » en y introduisant plus de confiance au sein des relations de travail. Or ce thème de la confiance est en train d'émerger fortement dans la réflexion des entreprises, on l'a vu. S'il n'est traité que comme un effet de mode et ne dépasse pas le stade de la rhétorique managériale, il n'apportera rien et cédera bientôt la place à un autre objet d'effervescence. En revanche, si les dirigeants comprennent qu'il constitue une alternative décisive au piège dans lequel ils se sont eux-mêmes – avec leurs conseillers toutefois – enfermés, alors on peut espérer qu'ils effectueront le cheminement intellectuel nécessaire à sa mise en œuvre effective. L'instauration de la confiance dans les relations pourrait jouer un rôle semblable à celui tenu par l'amélioration de la sécurité dans quelques entreprises. L'attention portée à un enjeu en apparence technique a fait progressivement apparaître la nécessité de changer en profondeur les comportements et donc de s'interroger sur ce qui permettait de les comprendre. L'amélioration de la sécurité est ainsi devenue un « prétexte positif » qui a entraîné des changements allant bien au-delà du projet initial. Tout le monde, dirigeants et salariés, s'en est félicité.

La confiance, ce n'est jamais qu'une autre façon d'envisager les relations horizontales ou verticales. Mais elle peut jouer un rôle semblable à celui de la sécurité, à condition bien entendu que la pression pesant aujourd'hui sur les dirigeants soit suffisante pour qu'ils fassent du retour des salariés dans le giron de l'entreprise une vraie priorité, en évitant de la sous-traiter à des services spécialisés. Si tel est bien le cas, on peut espérer que le fil soit suffisamment tiré pour permettre la remise en cause de tous les raisonnements qui ont conduit à la défiance, à la surveillance et à leurs effets pervers pour l'entreprise. C'est une opportunité certes, mais rien n'indique qu'elle sera saisie.

Si elle ne l'est pas, sans doute faudra-t-il attendre qu'encore plus de contraintes pour les uns et encore plus de souffrances pour les autres finissent par donner lieu à une nouvelle « opportunité ». Car au fond, peu importe la nature de ce qui crée l'obligation de faire les choses différemment et de se doter d'un autre mode de pensée. Ce qui importe, c'est la force de la pression exercée sur les dirigeants pour qu'ils s'intéressent enfin au concret de leur entreprise et de ses membres. Ils ont pour le moment négligé cette réalité mais, comme le cheval au galop sur les grèves du Mont-Saint-Michel, elle finira bien par les rattraper.

Table

RÉALISATION : IGS-CP À L'ISLE-D'ESPAGNAC
IMPRESSION : CPI FIRMIN-DIDOT À MESNIL-SUR-L'ESTRÉE
DÉPÔT LÉGAL : JANVIER 2015. N° 113650 (125146)
IMPRIMÉ EN FRANCE